AMAR(SE) ES DE VALIENTES

Altea

ALEJANDRO ORDÓÑEZ

Amar(se) es de valientes

Altea

El papel utilizado para la impresión de este libro ha sido fabricado a partir de madera procedente de bosques y plantaciones gestionadas con los más altos estándares ambientales, garantizando una explotación de los recursos sostenible con el medio ambiente y beneficiosa para las personas.

Penguin Random House Grupo Editorial

Amar(se) es de valientes

Primera edición: enero, 2019
Primera reimpresión: junio, 2019
Segunda reimpresión: febrero, 2020
Tercera reimpresión: julio, 2020
Cuarta reimpresión: enero, 2021
Quinta reimpresión: enero, 2022
Sexta reimpresión: junio, 2022
Séptima reimpresión: noviembre, 2022

ISBN: 978-607-317-487-9

Impreso en México – *Printed in Mexico*

Para Tania.
Por ser tú, siempre,
y aguantarme cada día.

Índice

Amor

Desamor

Pensamientos

Prólogo

¿Alguna vez te has parado a pensar en lo mucho que pueden llegar a cambiar las cosas con el paso del tiempo? Y no necesariamente en un periodo largo de tiempo, a veces basta solo con un par de días para que todo se vuelva patas arriba, y qué bueno.

Ha pasado algo más de un año desde la primera vez que me encontré en esta situación, sentada delante de mi ordenador tratando de advertir al mundo (vosotros, lectores) de los peligros que encerraba el libro de Alejandro... y por lo que veo, de poco sirvieron mis advertencias, o de lo contrario, no estaríamos aquí. Yo no estaría aquí escribiendo. Y qué bien el reencuentro, y qué bien que no me hagan caso.

De cualquier modo, es casi una obligación para mí advertirles de nuevo, pues... nuevo libro, nueva adicción. Y no hablo por hablar, eso ya lo saben. Alejandro es un luchador nato que decidió convertirse en escritor y no ha parado hasta conseguirlo. Ni parará.

Cuando yo le conocí, estaba apenas empezando y eran tan solo unos pocos quienes le conocían. Y cuánto ha cambiado todo. Ahora ha formado una gran familia con quien compartir sus textos, le leen en muchas partes del mundo e incluso ha conocido nuevos continentes. Quién lo iba a decir.

Pero aunque algunas cosas han cambiado mucho, por suerte (para mí) hay otras que no cambian. Él no ha cambiado. Sigue siendo la misma persona que cuando nadie le conocía, sigue con las mismas ganas de comerse el mundo y no se para en cada meta conseguida, continúa buscando unas nuevas. No siempre sale todo bien, pero no se rinde. Conmigo no lo ha hecho y no se lo he puesto nada sencillo.

Pero así es él, siempre luchando por lo que quiere. Es capaz de equivocarse cien veces en el mismo lugar, pero también capaz de seguir intentándolo doscientas más. Está dispuesto a todo por ayudar a quien quiere, y a quien no también. Tiene un don para hacerse imprescindible en la vida de los demás y un corazón que no le cabe dentro.

Da igual lo lejos que estés de él, siempre le sentirás cerca.

Así que… esta vez hazme caso, pues sus letras son capaces de rozar los corazones más duros, y de ablandarlos. Este libro es un nuevo pasaje por sus historias, y también por las de todos… y volverás a quedarte atrapado sin remedio entre sus letras.

Aunque bueno… yo llevo atrapada mucho tiempo por aquí y no quiero dejar de estarlo… Puede que lo mejor sea que no me hagas caso. Sí, mejor no me hagas caso.

Tania Naredo

Tus defectos

Son tantos que ya ni siquiera llevas la cuenta. Esquivas tu propia mirada en el espejo, lloras en silencio, callas todo lo que llevas dentro. Sientes que el mundo está en tu contra, que te encuentras en el centro de las risas y las nubes truenan a tu paso. Puede que incluso sientas que no eres feliz.

Y no te culpo.

Cómo ser feliz cuando el pozo que has cavado es tan hondo que apenas entra luz. Rompiste la cuerda que te mantenía a flote y ahora te dejas llevar por la corriente. Te has dado la espalda incluso tú, y ese es el peor error que podrías haber cometido.

Puede que no lo veas ahora, pero algún día entenderás que **todos esos «defectos» son lo que te diferencian de los demás**. Te hacen tan único, que no hay molde alguno que pueda repetir algo tan perfecto como tú. Es así. Quizá el pozo no sea tan hondo después de todo, ni el mundo tan cruel, ni tú tan horrible.

Todos tenemos que entender que nada importa lo que piensen los demás cuando de nosotros se trate. Si quieren juzgar, que juzguen. Si quieren mirar, que miren.

Sonríe porque la vida es mucho mejor de lo que parece. No importa cómo seas, sino cómo vivas tus días. Los sueños que cumplas, las metas que cruces. Que seas capaz de salir del pozo y gritarle al mundo que tenga cuidado. Serás tú quien truene entonces, la luz del rayo que ilumine al fin todos esos días grises en los que habías decidido vivir.

Abraza los defectos, ámalos por lo que son. Así, poco a poco, volverás a enamorarte de la única persona que nunca, jamás, te fallará: tú.

Amor

Choque de trenes

Tiene un verso de esperanza colgando en la mirada. Unos labios que cualquiera querría rozar con la yema de una vida, con el aire de un futuro que nos salve. Porque veo miedo en sus ojos de tanto que le han dolido. Le cuesta confiar, conmigo pasa igual.

Somos dos trenes que chocaron en la huida, yo confundido al pensar que la culpa era mía. Hasta que ella me miró y entendí que por fin me había pasado algo bueno en la vida.

No sabría explicarlo más allá de estas líneas confusas que ahora intento. Supongo que la encontré en cada canción, en cada poema, en cada te quiero. Entendí que siempre había estado ahí, esperando sin saberlo.

Ahora la beso y siento que tal vez todo lo que nos ha traído a este punto sea algo bueno. Aunque aún hoy sigamos rehaciendo el puzle, hay piezas mías que encajan tan bien en el suyo que me pregunto si tal vez chocamos demasiado fuerte.

Y me alegro.

Es la primera vez que siento que estoy donde debería estar. Aunque para eso tuviéramos que descarrilar un par de trenes, un par de vidas, y todavía tiemblen los cimientos de nuestros mundos.

Desamor

Escombros

Ya no queda nada en pie, solo escombros. Restos de todo aquello que un día construimos y que hoy no es más que piedras y polvo. Nadie puede doler tanto y salir entero del desastre. Y sé que tú no eres de piedra. Te conozco tanto que sé que la herida aún sigue abierta para ti también. Que miras atrás por las noches, buscando en tus recuerdos el porqué de las decisiones que tomaste.

No pasa nada. Te culpo por todo y a la vez me culpo a mí. No supe frenarte, calmar tus miedos, ver en tus ojos que algo no iba bien. **No lo vi venir** y, cuando llegó, solo supe esconderme mientras tú derribabas todo lo que un día levantamos juntos.

Este adiós está demasiado reciente aún. El polvo sigue en el aire y nadie entiende qué ocurrió. Yo tampoco, para ser sinceros.

Quizá mañana entienda, quizá aún haya esperanza debajo de todas estas piedras. No de un nuevo «nosotros», sino de un «yo» que aprenda a construir su propia vida en los cimientos de lo que un día tuvimos.

Sin necesitar a nadie.

Sin necesitarte a ti.

A mi yo del pasado

¿Cómo estás? Hace mucho que no te enfrento. Diría que somos el mismo y, al mismo tiempo, completamente diferentes. Eres recuerdo, eres dolor. Claro que hay algo de alegría, pero los momentos felices no compensan todo lo que tuvimos que pasar.

La vida no te lo puso fácil, lo sé mejor que nadie. Y no fue culpa tuya. Simplemente nos tocó vivir la parte más complicada y ahora, te lo prometo, eres feliz al fin. Sé que no me crees, que cuando miras al futuro solamente ves oscuridad, pero llegará un día en que todo pase. Quedarán atrás las lágrimas o, mejor dicho, no volverás a llorar por lo mismo. No quiero que pienses que el futuro es un paseo alegre. Hay muchas piedras en el camino y todavía no has aprendido a esquivarlas todas.

Todo lo que has vivido te ayudará a ser más fuerte.

La coraza que ahora tienes será el escudo contra todo lo que la vida te eche, y solamente ella tendrá el poder de traspasar todas tus fronteras. Ella… ya la conocerás, no tengas prisa. Llegará para cambiarte la vida: te salvará.

Por lo demás, solamente quería darte las gracias. No te lo digo suficiente, pero estoy orgulloso de la persona en la que te has convertido. Aprendiste las reglas de la vida por las malas y ahora, al menos, juegas a tu propio juego. Lo que es de admirar. Te has salido del camino que se marcan todos los demás y, sinceramente, no habríamos podido hacerlo de no ser por la fuerza que hay en ti.

Te quiero. Es así de simple. **Hay amor en mí para mí, por raro que suene.** Aprendí a quererme siendo tú, cuando todo a nuestro alrededor giraba rápido y nos costaba encontrar el norte. Demasiados tumbos dimos, demasiadas veces mordimos el polvo antes de aprender a sacudirnos y levantarnos con la cabeza alta.

Ahora todos callan. Si hablan, no llegan sus voces a mi cabeza. Vivimos felices con nosotros mismos y eso es algo que nos ha costado mucho aprender a hacer. Te prometo que todo pasará, ya lo verás. Podrás llegar a ser todo eso que no te atreves a soñar. Así que, simplemente, gracias por todo y perdona por tanto. Nos vemos en el mañana de nuestra vida, donde por una vez seamos capaces de olvidar.

Motivación

No te limites

A veces siento que la vida truena sin llover. Como si quisiera asustarme antes de tiempo, ponerme en guardia ante todo lo malo que pueda venir y protegerme así del cambio, del dolor, del sufrimiento. También pienso en lo feo de este sentimiento. ¿Por qué prevenirse del fracaso y limitar así todas las opciones de triunfo?

Qué horrible tener que pensar siempre en ese eterno «¿Y si sale mal?». Qué pérdida de tiempo más grande e innecesaria cuando podríamos vivir sin limitarnos, sin tentar siempre el freno de mano que nos salve de entregarnos por completo a cualquier meta que tengamos.

Pienso, siento, que esta forma de verlo es la contraria a lo que deberíamos hacer. Tendríamos que ser capaces de vivir sin miedo al fracaso, asumiendo el dolor como algo normal que puede pasar, un proceso más de la vida, y no temerle tanto como lo hacemos.

No sé tú, pero yo no pienso seguir limitando mi vida por temor a fracasar, a no conseguir cruzar mis metas. Viviré tan intensamente como me sea posible y apostaré todo lo que tenga a cada uno de los sueños que quiero cumplir. Es la mejor forma de ser feliz: darlo todo por aquello en lo que crees, hasta la última gota de sudor, y no temerle al fallo. **Siempre estarás a tiempo de volver atrás, no te pierdas en el miedo y no vuelvas, nunca, a limitarte por nadie.**

Amor

¿Qué no me gusta?

Me gusta su sonrisa, su risa de loca y cómo le da igual que todos miren cuando grita. Me gusta su piel, la suavidad de sus curvas y el calor del cariño que desprende con cada uno de sus actos.

Me gusta hasta la forma en que me ignora, a veces, cuando está concentrada en otra cosa y yo me quedo como un idiota perdido en sus ojos, tratando de leer en su mirada qué será eso que le roba la atención. Me gusta cuando vuelve a mí y me sonríe a modo de disculpa por haberse ido lejos.

Me gusta saberme el motivo de su felicidad. Al menos, de una parte importante de ella. Porque no hay dependencia alguna en esto que tenemos. La vida es la misma y la compartimos, pero somos capaces de estar el uno sin el otro.

Aun así… me gusta que siempre cuente conmigo para todo. Igual que yo con ella. Me gusta todo lo que sigo descubriendo cada día. Es tan diferente al resto que no entiendo cómo se pudo fijar en alguien como yo. Será que la vida, por una vez, ha querido dejarme disfrutar de alguien que lo da todo por mí.

Podría seguir enumerando una a una todas las cosas que adoro… pero la verdad es que, simplemente, somos felices juntos y… ¿qué no me gusta de ella?

Amar al cien por cien

Pasa el tiempo y su aroma sigue rozándome el alma cada noche en la cama. Como si las sábanas hubieran decidido guardarlo para torturarme recordándola. Ya no hay nadie a quien abrazar, solo el frío lugar que antes ocupara y que ahora nadie es capaz de llenar.

Supongo que me lo merezco por no haberme preparado para esto. Quizá, si no lo hubiera dado todo, ahora dolería mucho menos. Pero no sé amar así. Soy demasiado intenso y siempre me entrego por completo.

Así me va, con más cicatrices de las necesarias y demasiadas lágrimas en la almohada.

Seré idiota o yo qué sé. Tengo claro que por mucho que la eche de menos ahora, cuando me vuelva a enamorar, lo haré exactamente igual. Porque soy así, no sé hacerlo de otra manera. Apagaré las velas una a una, dejando en penumbras el lugar que ahora ocupa en mi corazón.

Justo en la herida que dejó al marcharse, construiré un muro tan alto que ya nunca pueda volver a saltarlo y, sobre todo, le daré la espalda a su amor. Es la única forma que conozco de superarla. Volveré a volar tan alto como me lo permitan las alas y buscaré de nuevo a alguien que me llene.

Quizá esta vez duela mucho menos, quizá no. Y no me importa. **Soy feliz amando así, con todo lo que tengo, siempre al cien por cien.** Porque si un día dejas de amar así por culpa de cuánto te haya dolido cualquier persona pasada, quizá dejes pasar de largo a un amor que de verdad hubiera merecido la pena disfrutar.

Muros de hielo

Tiene los ojos verdes primavera y al mismo tiempo un invierno en la mirada. Le han dolido tanto que ya no se atreve a confiar como antes lo hacía. Aun así, no pierde la esperanza. Sigue esperando que un día la vida derrita tanto hielo, tanto frío que usa de coraza para evitar seguir siendo esa flor de la que se aprovechan todas las abejas.

Quizá congelar tantas emociones no sea la decisión menos drástica, pero sí la que ha decidido tomar. Y va con ella allá donde vaya, porque **no piensa dejar que nadie le vuelva a robar la felicidad.** Prefiere guardar su primavera dentro, allí donde casi nadie alcanza.

Aun así, sabe que el hielo se derrite cada vez que alguien bueno se acerca. Es inútil cualquier barrera cuando ella misma la derriba por el anhelo de un corazón bueno con el que compartir su calor. Y así es como se vuelven a colar dentro amores que solo le traen dolor.

Tal vez un día aprenda y deje de bajar sus barreras. O tal vez no. Puede que se haga fuerte en sí misma y a los demás nos empiece a costar llegar dentro. Ojalá. Eso significaría que al fin su felicidad estaría por completo en sus manos, y que cualquiera que pretenda compartirla con ella deberá derretir todos esos muros con infinita paciencia.

Por ti

Por ti sería capaz de olvidar el daño, de sanar la herida y curar mi vida. Volaría tan alto como mis alas lo permitan y caería en picado en medio de tu abrazo. Buscaría siempre la caricia del fuego de tus labios, la pasión con que vivimos nuestro día a día, el regusto de felicidad que hay en cada uno de tus besos.

Por ti no dudaría.

Me entregaría sin miedo a la caída, pues sé que amores como el tuyo hay que vivirlos intensamente o te arrepentirás toda la vida de no haberlo hecho.

Por eso lo tengo claro: no hay mañana para mí si no es entre tus brazos. Sí, sé que suena exagerado, y sin ti, podría vivir igual que ahora lo hago. Pero no quiero. **No quiero enfrentarme a esa vida en la que tú no estés.**

Soy fuerte y lo conseguiría, pero prefiero no luchar esa batalla y apostar por un «nosotros» que nunca muera.

Por ti, lo daría todo y más, aunque no tenga nada. Dejemos de perder el tiempo y empecemos a vivir de una vez esto que tenemos ante nosotros.

Yo, por ti, lo haría todo.

¿Y tú por mí?

Desafinada

A lo lejos alguien canta. Suena alegre, quizá feliz. En su nota más alta, quiebra su voz y calla. Silencio. Solo un valiente pájaro se arranca a seguir la melodía, rompiendo ese silencio.

Y me olvido de respirar.

Ni siquiera el viento grita.

Y entonces ella canta.

Y yo respiro.

Y la vida vuelve a lo que era, con su melodía de fondo a pesar del tropiezo. Del fracaso. Ella odia que pase eso. Y aun así canta. No deja que la detenga una nota desafinada.

Ama a aquel pajarito como nunca ha amado a nadie. Porque está ahí cuando todos callan. La levanta, sin volar. La levanta, sin hablar. Solo canta.

Como ella.

Y la vida sigue a pesar de aquel silencio.

Y ella lo rompe como aquel pajarito.

Y todo sigue igual mientras ella,
a lo lejos,
canta.

Quién sabe

Quién sabe cuántos días han pasado mientras tú sigues haciendo que llueva siempre con el cielo despejado. Como si quisieras demostrar que tienes tanto poder como tiempo dura el eco de tu risa en mi cabeza.

Quién sabe a dónde se va todo lo que callamos.

Eso que quema dentro y, aun así, apagamos ese fuego en nuestros labios con besos de eterno silencio. Cómplices de todo esto.

Quién sabe cuánto más nos queda. Quizá mañana llegue el fin, quizá en otra vida. No lo sé. Me cansa seguir siempre igual y, al mismo tiempo, continúo aquí. Tienes el poder de hacer conmigo lo que quieras y nunca haces nada realmente por mí. Todo es por ti, siempre. No hay nada que te cambie, pues eres feliz así.

O eso dices.

Quién sabe cuántas verdades escondes con mentiras que rompen poco a poco lo que yo siento por ti. Menos mal que ya pienso en todo esto. Me quité la venda con que cubriste mis ojos y tu luz ya no es la única que me alumbra la vida. Ahora vivo todo esto de forma diferente.

Y no te culpo de nada.

Aunque en realidad… a quién quiero engañar: **te culpo de todo.**

Sé feliz en soledad

A veces tengo una sensación de soledad tan grande, tan fuerte, que me cuesta sonreír. Como si el silencio de la vida o no sentir una mano en la espalda que empuje y evite la caída fueran motivo para no ser feliz.

Puede haber mil personas a tu alrededor y aun así sentirte solo.

A la gente le cuesta entender que no siempre somos capaces de estar bien. Como si ellos siempre lo estuvieran…

Me cuesta imaginar la vida sin mí. Sé que soy mi mejor compañía, el único que siempre sabe lo que me pasa, lo que duele, lo que falta. Soy el amigo que nunca tuve, el mejor de todos y, al mismo tiempo, al que peor trato.

Infravaloro mi propia compañía, todos lo hacemos. Damos por hecho que nunca nos vamos a perder y buscamos en los demás el amor y el cariño que deberíamos darnos nosotros mismos.

Para ser feliz con el mundo, para amar a otros como ellos se merecen, es muy importante quererse a uno mismo primero. Ahí está la clave de la felicidad. Hay que encontrar la forma de que la soledad no asuste, de que el silencio sea una oportunidad de pensar, de charlar con ese que siempre llevas dentro.

Hay que aceptarse.

Tener claro que por mucho que la vida cambie siempre te tendrás a ti mismo. Cuando aprendamos a vivir felices con quienes somos y sin necesitar de nadie más, seremos capaces de buscar en otros apoyo o cariño sin convertirlo en dependencia.

Abuela

¿Qué sería de mí sin ti? Nunca te lo digo lo suficiente, pero te quiero más que a nada en esta vida. Eres la persona que lo cambió todo, que me dio la oportunidad de convertirme en lo que soy ahora. Eres el pilar en el que siempre me he apoyado, el único que nunca llegó a temblar. Te quiero tanto que no hay palabras que puedan expresarlo.

Ojalá la vida te hubiera tratado mejor, con más salud en los años y menos dolores a cuestas. Será que el peso de todo lo que has vivido pasa factura, como losas en los huesos que no te dejan avanzar.

Aun así, nunca fallas. Siempre estás ahí cuando te necesito. Eres el ángel que me tocó en vida y sé que lo seguirás siendo siempre el día que me faltes. No quiero ni pensarlo. **Perderte sería un golpe tan duro que no sé cuánto me va a costar volver a levantarme.**

Te quiero dar las gracias por los sueños, por las vidas que me has regalado con tu apoyo. No sé qué sería de mí sin ti. Es así. Cada vez que lo pienso, entiendo que nada de todo lo que soy habría sido posible sin tenerte en mi vida. Y por eso te doy las gracias: por ser como eres y tener un corazón así de grande. Es normal que te duela tanto, si no te cabe en el pecho por el amor que nos das a todos.

Eres un regalo. La suerte de tenerte la conozco, por mucho que a veces choquemos. Es normal que lo hagamos cuando te preocupas tanto por alguien que no entiende de límites, moldes o metas que estén demasiado lejos. Tú me lo enseñaste. Puedo ser lo que quiera ser siempre que luche por ello. Pero, ante todo, ser feliz.

Eres la única persona que siempre ha estado orgullosa de mí. Hiciera lo que hiciera con mi vida, ahí estabas tú apoyando. Eso es algo que nunca olvidaré.

Te quiero muchísimo, abuela.

Desamor

Dímelo a la cara

Hace tiempo aprendí que eres de ese tipo de personas que no comparten lo que sienten. Está bien, no hay nada malo en eso. El problema es cuando hablas con otras personas de lo que no eres capaz de hablar conmigo. Cuando soy yo precisamente aquel con el que deberías hablar para solucionar algo.

Como si alguien ajeno a nosotros pudiera influir lo más mínimo en nuestros problemas. Dímelo a mí. Habla conmigo todo eso que llevas dentro y que solo sale cuando estás lejos de nosotros. Pasa el tiempo y no aprendemos. **Los problemas llegan siempre con cada uno de tus silencios.**

Para qué amar así, si todo lo que viene con ello es dolor y lágrimas. Si me amas, resuelve las cosas conmigo, no con otras personas. Ellos nunca sabrán lo que pasa dentro de nuestra relación y, aun así, insistes en secar tus lágrimas en sus hombros y no en mis brazos.

Estoy aquí, siempre lo he estado.

Soy ese que te suplica que me digas las cosas a la cara. Que si algo no te gusta, me lo grites si hace falta. Pero no calles. Si callas, al final, explotas.

Y nada bueno acompaña tus silencios.

Y nada bueno llega cuando al final hablas.

Explosión de desamor, de desencanto, de estar harto de todo, y luego siempre te arrepientes porque sabes que tanto mal, en pequeñas dosis, habría tenido muchísimo menos impacto.

Única

Ella es única y no se da ni cuenta. Desafina cuando canta y, aun así, es toda la banda sonora que quieres escuchar en tu vida. Se ríe sola cuando entiende el chiste de hace cinco minutos, y lo hace a carcajadas, porque nada importa más allá de su felicidad. Le ha costado mucho encontrarla y no piensa perderla.

Es tan única e irrepetible que no hay esquema alguno que la defina. Esquiva los tópicos y se alía con tus ganas de formar parte de su vida. Tiene una niña dentro que vive por ella, a veces, y sonríe cuando «es mala». Tiene cielo en la mirada y ganas de vivir. No tiene miedo a nada, ya venció todas las pesadillas habidas y por haber. Ahora vive segura, tomando las decisiones que hagan falta para seguir siendo feliz.

Ella es la chica de las rayadas. Esa que piensa tanto en todo que al final se olvida de dormir y termina atrapada en la cama. Se pone en huelga indefinida cuando le llevas la contraria, y es capaz de todo con tal de demostrar que tiene la razón. Y es que… siempre la tiene, te pongas como te pongas.

Le han roto el corazón demasiadas veces y aún hoy sigue juntando pedazos para terminar el puzle. A cabezota no le gana nadie. Se ha empeñado en ser lo que le dé la gana ser. Tiene una historia que contar y muchas ganas de ayudar. Es la mejor persona que he conocido.

Cuando ella sonríe el mundo desaparece.

Eclipsa la vida y siempre está ahí cuando la necesitas. Es tan única, tan genial, que no te imaginas la suerte que tengo de tenerla en mi vida. Porque sin ella, estoy seguro, nada sería igual. O mejor dicho, todo sería siempre lo mismo porque no estaría ella para marcar la diferencia.

Más allá de cualquier caída

Aprendí que la vida es mucho más que esperar sentado. Que a veces las cosas más bonitas nos pasan cuando menos lo esperamos. Que soñar está bien y nadie podrá nunca controlar nuestros sueños, pero que para vivirlos hace falta esforzarse cada día.

Las metas que nos marcamos definen el camino que seguimos. **Cada decisión que tomamos nos acerca o aleja un poco más de conseguir nuestros objetivos.**

Por eso es importante no perder nunca la esperanza. No hay imposibles si de verdad le pones ganas. Cuando creas que no lo vas a conseguir nunca, frena. Tómate un respiro y mira hacia atrás, hacia todo lo que ya has conseguido.

A veces es importante tener perspectiva, ser consciente de que, por muy negras que se te pongan las cosas, siempre puedes encontrar la luz que te devuelva la calma. Como lo has hecho siempre.

Hay sueños grandes y pequeños. Sueños fáciles y otros muy complicados. Pero todos se cumplen tarde o temprano si no abandonas en mitad del camino. Confía en mí.

No importa lo lejos que hayas llegado si abandonas antes de cruzar la meta.

A veces, a todos nos cuesta.

Pero somos gigantes cuando de superar obstáculos se trata. Está en nuestra sangre levantarnos siempre después de cada caída. Por mucho que pienses que no puedes, por mucho que duela.

Al final, levantarse siempre es la respuesta.

Lucho por ser feliz

A veces siento que lo tengo todo, otras que no tengo nada. No sabría definir en qué punto estoy ahora, pero sé que al menos sigo luchando siempre por ser feliz. Esa es una batalla que dura eternamente.

La vida se empeña en hacerte tropezar, en tirarte al suelo. Una vez tras otra.

Aun así, yo sigo levantándome con las mismas ganas de siempre. Hay mucho por lo que vivir, mucho por lo que esforzarse. Demasiadas veces he cedido ya como para volver a hacerlo una sola más.

Elijo ser feliz le pese a quien le pese.

Estoy cansado de perder el norte, de dudar, de no esforzarme. Las cosas malas ocurren. A todo el mundo. Nadie se libra de ellas y es por eso que no debes nunca ceder ante el miedo.

He decidido ser feliz, y por eso lucho. Porque en la lucha está la felicidad que tanto busco y porque del esfuerzo nacen las ganas de vivir. No merece la pena perder ni un segundo más en lamentos.

Levántate siempre de nuevo cuando caigas. **Que tu felicidad no dependa de nadie más que de ti mismo.** Es el mejor consejo que te puedo dar. Cuando aprendes a ser feliz contigo mismo, es muy difícil que algo o alguien te robe esa felicidad.

La vida sin ti

Me gustaría ser capaz de darte las gracias por el tiempo vivido a tu lado, pero me cuesta ser feliz ahora en tu ausencia y, más aún, ser capaz de pensar en ti en positivo. Te fuiste cuando más te necesitaba, aunque sé que esto se aplicaría a cualquier momento. Ninguna estación habría sido menos dolorosa, pues en toda mi vida nunca estuve tan unido a nadie.

Quisiera ser capaz de mirarte a los ojos y no buscar en ellos un atisbo de esperanza. Que vuelvas a sentir lo que ya no sientes, o eso dices. No sabes lo mucho que duele ser consciente de que, donde antes lo había todo, ahora no queda nada.

Aun así, puede que la vida no sea tan horrible sin ti. He conocido a alguien mucho mejor de lo que me esperaba. Me he conocido a mí. He vuelto a ser quien era antes de ti y ahora vivo, al fin, una vida libre de cualquier dependencia. Por mucho que te eche de menos, me doy cuenta de que es posible que sin ti pueda estar mejor. Qué digo: estaré mejor. No has querido seguir a mi lado en esta vida y ahora te digo adiós. Viviré libre y feliz, como pensaba que vivía contigo. Ahora entiendo que no era así. Cada pelea, cada discusión, restaban un poco de alegría a cada uno de mis días, y nada compensa entregar la vida a cambio de tanto dolor.

Me gustaría avanzar más deprisa, que este adiós no se me atragante siempre en la misma sílaba. Aun así, no importa. Sé que llegará el día en que deje de buscar esperanza en tus ojos y acepte que la felicidad de ambos está en otra parte.

Everest

Cada día que pasa tengo más claro que tenerte en mi vida es un regalo. Una suerte de esas que pasan una vez muy de vez en cuando. Quizá llegaste en el momento oportuno, quizá ni siquiera era tu turno. No me importa. Llegaste y cambiaste mi vida de la misma forma en que espero haber cambiado la tuya.

Ahora todo es diferente. Las mañanas brillan a pesar de las tormentas, las noches son menos oscuras y hay un futuro esperándonos a la vuelta de la esquina. Porque tengo claro que quiero un mañana contigo. Y un pasado.

Quiero estar contigo siempre, así de claro.

No sé lo cuesta arriba que se nos puede llegar a poner todo, pero no me importa. Sé que con tu mano en la mía y contigo a mi lado, podremos subir el Everest si hiciera falta.

Porque no hay piedra alguna en nuestro camino que nos vaya a impedir estar juntos. Mientras seas feliz conmigo, haré todo lo que esté en mi mano para que tú también lo seas, y que esa sonrisa tuya siga iluminando mis días.

Motivación

No te rindas

Por favor, no cedas. Por mucho que la vida truene, hay mañana y luz a la vuelta de cualquier día. Quizá la semana que viene, quizá dentro de unos meses. Las cosas malas llegan cuando menos te lo esperas, **pero nunca se quedan para siempre.**

No, si luchas.

No, si confías.

Por eso te pido que no te rindas. Que mantengas viva la esperanza y esperes a que lleguen tiempos mejores. Llegarán. Siempre lo hacen. **No hay noche que dure eternamente, siempre saldrá el sol que le ponga fin a todas estas sombras contra las que ahora luchas.**

Sé que no es justo. Que otros son felices y parece que nunca les pasa nada malo. No importa. Cada uno tiene su camino y su vida, y tú no has de ceder por culpa de una mala racha. Aunque en tu balanza las cosas buenas apenas pesen, aunque sientas que todo lo malo te ahoga.

Te prometo que, al final, todo el esfuerzo merecerá la pena. Serás feliz con menos, serás más fuerte, serás más duro. Y serán los otros los que te miren con envidia, pues de tanto que has sufrido has aprendido a brillar con luz propia y, ahora y siempre, podrás alejar cualquier atisbo de oscuridad que ose volver a llamar a tu puerta.

Amor

Te quiero tanto

Te quiero tanto que a veces me cuesta hasta creerlo. Como si me pareciera increíble que alguien haya conseguido bajar así todas mis defensas, todos los muros que construí hace tanto tiempo que ya formaban parte de mí.

Te quiero tanto que a veces tengo miedo de perderte. No por el hecho de perderte en sí, sino porque **sospecho que perderte me rompa en tantos pedazos que me cueste media vida volver a ser lo que un día fui**.

Aun así, te juro que no hay duda alguna en mí y es precisamente por eso que te quiero de esta manera. He aprendido que o se ama plenamente o es mejor no hacerlo de ninguna otra forma. Y a ti te lo doy todo, cada día, para que nunca sientas que te falta amor, para que no haya duda alguna acerca de todo esto que me haces sentir.

Te quiero tanto que espero que entiendas que, por mucho que la vida se nos ponga en contra, aquí estaré para ti hoy, mañana y siempre… Y que este «para siempre» sea el único que por una vez se cumpla, **pues no quiero amar, si no es a ti.**

Charles Chaplin

Aunque al final doliera, volvería a vivirte una y otra vez si pudiera. Aquellas tardes de sofá y manta, de besos hasta las tantas y un amanecer que siempre llegaba cuando menos hacía falta. Una vida de colores en mitad de una peli de Charles Chaplin. Alejando en blanco y negro para hacerme entender que el mundo está lleno de matices.

Perdí la ceguera caminando de tu mano. Perdí el miedo a vivir. Me enseñaste que siempre hay motivos para ser feliz. Incluso cuando te fuiste.

Ahora pienso en ti como quien trata de recordar un sueño y dudo. No sé si te viví o simplemente creí hacerlo. Por eso no sé si tú a mí me recuerdas, si tal vez piensas en nosotros. Si volverías a este pasado en el que los dos fuimos felices un tiempo. Si eres de otro… si nunca fuiste mía.

Si en verdad todo esto que yo llamo color no son más que los matices del blanco y negro y, tal vez, aún sigo encerrado en un sueño mientras Chaplin se ríe de mí.

Y no estás, y nunca has estado. **Quizá nunca lo entendí, quizá por eso te fuiste.**

Te echo de menos

Me faltas como el aire que me sobra en cada suspiro. Desde que no estás el mundo es otro. Menos alegre, menos feliz. Siento que los colores se apagan y la vida se vuelve gris, como si hubieras dejado el mundo en llamas y todo fuera ceniza sin ti.

Te echo de menos y tu ausencia pesa en cada cosa que hago.

Es difícil de llevar todo esto sin ti. Antes sabía que siempre estarías ahí cuando te necesitara, y ahora el silencio no devuelve nada más que el recuerdo amargo de que te fuiste.

¿Por qué? ¿Por qué la vida te apartó así de mi lado cuando más te necesitaba, cuando pensaba que todo estaba bien? Creí que serías el único pilar eterno, la única persona que nunca haría temblar mi mundo.

Y te fuiste.

No hubo despedida, ni abrazos ni besos. No hubo nada más que ausencia y vacío. Un vacío que nada llena porque es tan grande que nadie lo abarca entero. **Siempre se escapa tu recuerdo de entre las sombras del pasado y vuelves a mí en forma de lágrima suicida que se mata en mi mejilla.**

Como el último beso que me diste.

Siempre me quedará tu recuerdo, lo sé, pero a veces un recuerdo no basta cuando todo tu ser anhela un abrazo, una mirada, unas palabras de aliento de esas que siempre tenías para mí.

Te prometo que lo intento, sé que es lo que tú querrías. Que la vida brille, que tu estrella me guíe y no sea un peso muerto que me hunda más y más en el mar de emociones que dejaste atrás al irte así.

No te preocupes, estaré bien en algún momento. Lo sé. Hasta entonces, te seguiré queriendo siempre mientras trato de reconstruir mi vida sin ti.

Eres preciosa

Te lo digo aquí, lejos de tus complejos, donde ni siquiera tus dudas alcancen y esa batalla diaria que sientes dentro guarde silencio, por una vez. Te lo digo aquí para que no se lo lleve el viento y tengas siempre a dónde volver para leer de nuevo la única verdad que nunca muere: **eres preciosa.**

Así, sin más. Eres tan única e increíble que el mundo no lo entiende, no asume que pueda haber alguien así entre tanta gente que no comprende que **lo bonito está en lo diferente.** Que tu sonrisa brilla más que cualquiera de sus vidas porque es lo único real que destaca por encima de todas sus fachadas. Y ese pelo rebelde al que nunca ganas, no lo pierdas, pues de su rebeldía nace todo lo que te hace ser como eres.

Preciosa, no hay más. No te das cuenta de que lo bonito no está en los ojos, sino en esa mirada tuya capaz de frenar los trenes del tiempo. Que tu risa baña de luz el día más gris y calla la luna cuando te ve, no vaya a ser que te dé por brillar más que ella y hagas del cielo tu hogar. Qué digo, si hace tiempo que tienes guardado en el firmamento un pedazo de cielo con tu nombre, esperando el día en que te des cuenta de que tu luz está a la altura de la de cualquiera de las estrellas que miras con envidia cuando alzas la vista.

Así que basta ya de complejos e inseguridades. Eres preciosa y no te das ni cuenta. **Deja de contar uno a uno los defectos que te grita el espejo y empieza a contar de diez en diez las virtudes de ser quien eres.**

Y sonríe: tienes una sonrisa tan bonita que es un delito que la guardes para ti. Sonríe y sé feliz contigo misma, ama cada uno de los «defectos» que te hacen dudar y deja que las opiniones de todos los demás resbalen en esa coraza que llevas desde hace tanto tiempo.

Eres preciosa, no lo olvides. Y no porque lo diga yo, sino porque en el fondo sabes que todos esos complejos nacen del resto de la sociedad y no realmente de ti. Así que deja el mundo a un lado y céntrate en ti y en esa belleza tuya que es única y que nadie más tiene.

Pensamientos

Futuro

Me pregunto qué me depara el futuro. A dónde me llevarán los caminos que tome. Qué batallas ganaré, qué corazones tocaré, qué personas seguirán ahí después de todo. Me cuesta imaginar mi vida dentro de diez años, por ejemplo. Soy demasiado impulsivo en lo que a tomar decisiones se refiere y por eso muchas veces cambio todo de un momento a otro.

Aun así, hay cosas que sé que quiero. Hay mucho que vivir y aún no lo he hecho. Seguiré luchando por cruzar todas y cada una de mis metas, pues está claro que no se puede abandonar nunca en el intento cuando están en juego tus sueños.

Estoy seguro de que el mañana me guarda alguna sorpresa de esas que te cambian la vida. Sea buena o mala, no importa. Lo afrontaré como venga y seguiré siendo siempre el mismo, ese que nunca se queda en el suelo después de tropezar o en las nubes cuando algo bueno ocurre.

Hasta entonces, seguiré viviendo esta vida igual que siempre: día a día. Lo que venga más allá será recibido en la rutina de mis días y lucharé por ser feliz.

Poco importa lo mucho que pienses en el futuro. Si miras atrás seguro que te pasa lo mismo que a mí: pocas cosas sucedieron tal y como lo esperabas. La mayoría ni siquiera llegaste a imaginarlas.

Por eso, por mucho que sueñe con mil mañanas diferentes, seguiré disfrutando del presente, de esta vida que tengo y que es maravillosa dentro de todo lo malo que pueda suceder.

Desde tu olvido

Desde aquí, desde tu olvido, espero que la vida calle. Y tú ahí sigues en lo tuyo, en tu mundo, improvisando, dando vueltas en mi memoria, haciendo de cada día sin ti una carga más pesada que una tonelada de te quieros callados.

Y la vida llora y llora, y yo intento pasar página. Pero llueves empapando con lágrimas tu ausencia y me gritas a lo lejos que me vaya de una vez. Y te juro que lo intento, pero vivo a oscuras y tu luz es la única que alumbra el camino. Y me odio por no ser capaz de buscar otro destino, pues sé que me quemas con cada rayo de olvido que persigo en las tinieblas.

Me siento atado a ti, anclado en este mar de dudas que me aleja de la cordura de la tierra firme. Que me empuja más allá de los límites de todo lo que puedo soportar y me ahoga.

Te falta valor para marcharte y a mí fuerzas con las que empujarte. O quizá sea al revés, y sea yo el que no se va y tú la que huyes secuestrando mi corazón. Como si me importara qué más le pudieras hacer. Ten cuidado: no te cortes con los trozos de ayer que todavía guardas entre los pedazos de lo que un día fuimos.

Aunque no haya sido cierto.

Porque nadie huye así de una verdad. Se queda, se lucha, se apuesta el todo por la nada y se gana una y otra vez porque los dos quieren. Porque los dos navegan en la misma dirección. Pero tú mentías mientras yo remaba. Tú no hacías nada mientras yo te amaba.

Y ahora te veo desde aquí, desde mi casa, con el mundo patas arriba mientras tú te bañas en el río que se lleva todo lo que nos quedaba.

Y no tengo valor para seguir mirando.

Y no puedo seguir luchando por algo que no era verdad.

Lo cierto es que entiendo que te fueras y hasta te doy las gracias por hacerlo. Ahora comprendo que la noche no es tan mala, que las sombras que me envuelven son la paz que me robaste. Y no seguiré aquí cuando mires atrás, ya no habrá pasado ni futuro compartido. Seremos dos extraños más que se amaron una vez y olvidaron después.

Y seré feliz, lo juro, lejos de ti.

Motivación

Sueños

Nos sobra tiempo para perderlo y nos falta siempre cuando de vivir se trata. Como si fuera más importante imaginar mil triunfos diferentes que luchar por conseguir al menos uno. Somos nuestras propias piedras en el camino, a veces, cuando ya hay suficientes obstáculos esperando para hacernos tropezar.

Basta ya de soñar sin rozar el suelo siquiera con las puntas de los pies.

Vuela tan alto como quieras pero piensa que para llenar el mañana de triunfo, primero hay que vivir el presente, darle forma y apostar por uno mismo desde el principio.

No basta con querer, hay que darlo todo siempre por aquello en lo que se cree. Ya habrá tiempo al final del camino para mirar atrás y ser feliz, al fin, por todo lo que has conseguido. Hasta entonces, vive. Disfruta de la persona que eres y de todo lo que ya has conseguido. Sueña cuanto quieras, pero no pierdas el tiempo. Trabaja en ti mismo, y un día te darás cuenta de que en verdad el mejor sueño es el que día a día has construido.

Amor

Confiar

Me has enseñado lo que significa la palabra «confiar». Ya no dudo de ti, por mucho que me hayan mentido antes. Supongo que la vida me hizo preguntarme las cosas dos veces por culpa de todos los pasados que estuvieron y mintieron antes de ti.

Pero ya no más.

Me has demostrado con hechos que nunca mentirás. Que puedo confiar en ti y en todo lo que hagas porque no traicionarás este amor que tenemos. No importa lo poco que hablemos un día, lo mucho que te eche de menos. Sé que estaré en tu mente igual que tú estás siempre en la mía. Y no me importa que cualquiera intente algo contigo, pues igual que encontraron el camino hasta ti, serás tú quien les enseñe el camino de vuelta.

Te quiero así, libre y feliz.

Sin importar silencios o distancias. Con el respeto ganado en este amor que compartimos y que, por nada del mundo, dejaremos que se pierda por culpa de ninguna tontería.

Que nunca falten

Que nunca falten las tardes de bar, las risas y los amigos. Que siempre exista quien nos levante el ánimo, quien nos saque de casa cuando a nosotros nos apetezca encerrarnos o quien nos dé un abrazo como quien sabe que si te suelta, tal vez, te pierdas para siempre. Aunque sea mentira.

Aunque sepa que puedes encontrar el camino de vuelta a la felicidad tú solo, que el tiempo todo lo cura y no hay mal que dure demasiado, siga tendiendo la mano para que nunca te falte ese apoyo que solo algunos son capaces de darnos.

Que nunca acabe su paciencia infinita y continúe ahí cuando falles. **Todos somos humanos y cometemos tantos errores que si no existiera el perdón, la soledad sería siempre nuestra única compañera.** Puede que sea un desastre, pero si algo tengo claro es que mi vida es mucho mejor porque tengo a personas así a mi lado, que saben que yo mismo seré la mano tendida cuando ellos la necesiten.

Porque en eso consiste la amistad: en levantarse mutuamente siempre que uno de los dos, o ambos, esté abajo. Porque no hay nada mejor que una amistad sincera que no juzgue, sino que apoye siempre en los momentos más difíciles de nuestras vidas y nos haga saber que, aunque podamos enfrentarnos a lo que sea solos, no tenemos por qué hacerlo.

Motivación

Disfruta del viaje

La vida pasa en un suspiro. Un día te levantas y te das cuenta de que ya no eres el mismo que eras ayer. Como si el peso de los años de repente te golpeara en el pecho, en la espalda, en todo el cuerpo. Te miras en el espejo y entiendes que lo que has vivido hasta ese momento ha sido tan intenso que todo parece que hubiera sido ayer.

No hay tiempo para dudar. **No hay tiempo que perder. La vida pasa mientras te preguntas qué hacer, qué decisión tomar, cómo vivir.** Te olvidas del tiempo que pierdes en eternos debates de lo que es mejor y lo que es peor. Luego, ese es el tiempo que echas de menos.

No hay secretos. La vida hay que vivirla y, sobre todo, disfrutarla. No basta con fijarse metas y tratar de cumplirlas. Hay que disfrutar del camino que te lleva de una a otra. Nos olvidamos de que las metas, en realidad, son efímeras y todo lo que hay entre ellas es, simplemente, la vida que te pierdes si no frenas y la disfrutas.

Nunca olvides de dónde vienes, pero tampoco menosprecies el presente que te lleva a todos esos futuros con los que ahora sueñas. Disfruta de todo. De lo bueno y de lo malo. Saborea cada momento y guarda en la memoria cada instante.

Nunca sabemos el tiempo que nos queda, **así que disfruta el viaje.**

Que valga la pena

Amar es mucho más que sentirlo o que decirlo. **Hay que demostrarlo cada día porque, si no, no hay más que rutina.** Un amor perdido entre días grises que no lo salva nada ni nadie.

Por eso, trato de hacer que el amor que yo doy valga la pena. Que sientas que estoy ahí cada día, pase lo que pase. Que tu propio amor se vea correspondido en cada uno de mis actos y no haya rutina alguna que lo mate.

Intento entregarme con todo lo que tengo, sin dejar nada en el tintero de lo que me pueda arrepentir luego. Si un día fracasa esta relación, que no sea porque caí en el error de dar tu amor por sentado, de creer que ya estaba todo ganado cuando en realidad el amor se gana cada día.

Es una batalla infinita de la que solo se puede salir victorioso cuando los dos luchamos en ella, cuando nos aliamos y salimos triunfantes día tras día. Es así.

No hay derrota en el intento, solo heridas.

Pueden sanar mejor o peor, pero cada día que pasa y lo seguimos dando todo, ganamos.

Así que yo seguiré igual, tratando de hacer que estar conmigo merezca la pena. No por quien soy o lo que tengo, sino por lo que consiga hacerte sentir. Nada importa más allá de eso.

Nunca vuelvas

No quiero volver a sufrir por alguien capaz de hacer tanto daño. No quiero volver a lo mismo que teníamos porque sé que al final, todo esfuerzo será en vano. No sabes arreglar las cosas, solamente pones parches aquí y allá que engañan hasta que se rompen, que mienten hasta que todo vuelve a la realidad.

Y entonces dueles como siempre.

Por eso, nunca vuelvas. Te suplico que me dejes en paz, por una vez. **Yo también merezco ser feliz.** Necesito un adiós definitivo que te aleje para siempre de mí. Y que ese «para siempre» se cumpla, no como nosotros.

Nunca vuelvas por aquí, mi corazón ya no tiene calor para ti. Ni siquiera hueco. Prefiere vacío y soledad que un amor que le siga rompiendo desde dentro. Ya ha sufrido suficiente.

Vete.

Aquí ya no te espera nadie.

Por mucho que te quise, por mucho que te amé, nunca vuelvas. No más intentos, no más «quizá…». **Se acabó seguir sufriendo por ti.**

Y si vuelves, ten claro que esta vez no habrá puertas abiertas ni ventanas a medio cerrar. He levantado todas mis defensas y no dejaré que de nuevo me hagas llorar. Se acabó lo nuestro, terminaste con todas mis ganas de volver a intentarlo de nuevo.

Así que adiós, por favor.

Adiós y nunca vuelvas.

Pensamientos

Tengo ganas de quererte

No te conozco, o eso creo. Tal vez seas una de las personas que me rodean, pero prefiero pensar que no, que aún no te he conocido y que por eso seguimos perdiendo el tiempo separados.

Un día llegarás y cambiarás mi vida de la misma forma en que yo cambiaré la tuya.

Hasta entonces, seguiré viviendo mi camino esperando el momento perfecto en que se cruce con el tuyo.

Siento que por fin estoy preparado para algo así. Por una vez, me siento completo. Soy feliz conmigo mismo, con mi vida y la persona en la que me he convertido. Creo que eso es fundamental para quererte como en verdad te mereces. Dos personas completas que se juntan sin ningún tipo de dependencia. Y habrá amor, a toneladas. Tanto que a veces te preguntarás cómo es que por fin se cumplió tu deseo de estrella fugaz, por una vez.

Estoy deseando encontrarte para darte todo esto que llevo dentro, estas ganas locas de ti, seas quien seas. **Seremos felices** entre tanta cicatriz absurda que nos dejó el pasado y construiremos puentes que salven los abismos de dudas que puedan llegar a surgir.

Tengo tantas ganas de quererte que, aunque suene absurdo, siento que a veces ya lo hago. Por eso sé que, cuando te encuentre, estaré preparado.

Motivación

Yo primero, el mundo luego

Supongo que nunca aprendo. Que de tanto dar la mano, la mordió el perro y arrancó con ello el último aliento de esperanza que pudiera quedar en mí. Esperanza que nunca se rindió, que siempre creyó en los demás como vía de escape o apoyo, como ayuda cuando todo se volvía gris.

Quise pensar que los demás harían por mí lo mismo que yo estuve dispuesto a hacer por ellos. Qué menos que devolver lo dado, que ser honrado en el esfuerzo que cualquier amistad supone. **Quise creer en todos, menos en mí.** Tal vez lo mío no era nunca tan importante como lo suyo. O sí. Y por querer creer que lo mío importaba menos, he llegado a un punto sin retorno en que «yo» pasaré a ser lo primero y, lo siento, pero no habrá nada más allá que eso.

Porque sí: porque me merezco que alguien también me ayude a mí. Y si me olvidé de mí mismo por ayudar a otros, eso se ha terminado. Ahora me toca preocuparme por todo aquello que los demás nunca vieron pero que estaba ahí aunque nadie preguntara.

No soy una broma, un abrazo o una sonrisa en la que refugiarse cuando en algo les vaya mal. Puedo serlo, lo he sido siempre en realidad, pero ya no. Ahora este abrazo es para mí, esta sonrisa es mía y no habrá más broma que un egoísmo que nunca debí dejar que durara tanto tiempo.

Yo primero, el mundo luego.

Y así, tal vez, encuentre en mí mismo a esa persona que me sostenga cuando todo mi mundo se tambalee.

Sin ti

Dicen que el tiempo todo lo cura, pero a veces siento que lo único que hace es poner en pausa los problemas sin arreglarlos. Hasta que un día la vida te los vuelve a poner delante y te das cuenta de que todo ese tiempo no cambió absolutamente nada.

Ya he vivido suficiente para entender que lo nuestro no está cerrado. La herida sigue abierta y sangra cada vez que te tengo cerca. Siento que hay un adiós callado en mi garganta pidiendo libertad. No necesito tiempo, sino pasar página. Necesito decirte adiós por mucho que duela, y seguir mi camino.

Creo que los dos nos merecemos algo mejor que esto. Más cariño, más amor. Pero sobre todo… menos dolor.

Quizá mañana seamos capaces de rozarnos sin abrir viejas heridas, pero no hoy. **Hoy sé que te necesito lejos para poder curar todo el mal que nos hicimos, que me hiciste.** Entiende que esta vez no te pido tiempo, sino distancia. Necesito sentirte lejos de mi vida, lejos de mí. Necesito que esta herida se torne cicatriz para que deje de doler tanto como duele hoy.

Ya veremos después a dónde nos lleva la vida, y si nos vuelve a cruzar. Espero que, si lo hace, sea con todo esto sanado.

Vete, por favor, ayúdame a ser feliz de nuevo.

Sin ti.

Amor

Seré tu viento

A veces miro arriba buscando las estrellas que robaste para tener tanto cielo en la mirada. Ya no sé ni siquiera dónde está el norte, pues sigo navegando a la deriva en el firmamento de todo lo que me haces sentir, y aun así, parece que siempre termino encontrándolo en ti.

He aprendido a vivir aquí, meciendo nubes de algodón en tu risa y saciando mis ganas de amarte dando siempre lo mejor de mí. Como si mi mejor versión aflorara cuando te tengo cerca. Me siento mejor persona, más alegre, más feliz.

Me miras y me pierdo, pero no me importa. Sé que tú estás ahí, sujetando mis manos y ayudándome a seguir. Para qué quiero la Estrella Polar si mi norte siempre tiende a ti.

No quiero sonar exagerado, pero estoy tan enamorado que, por una vez, seré capaz de no estropearlo todo. Estoy seguro. Aunque tenga que remar a contracorriente y tu cielo se nuble, seré el viento que sople fuerte y aleje las tormentas que amenacen toda esa paz que nace de ti.

Tengo miedo de olvidar

Tal vez la vida siga y yo con ella avance. En algún punto, el futuro me alcanzará y dejaré atrás todo lo que un día estuvo ahí. No sé cuánto tardará en ocurrir, cuándo empezaré a olvidarte.

Y tengo miedo.

Tengo miedo de olvidar tu rostro y que un día me despierte sin saber dónde besarte. En mi mente, claro. Hace demasiado que no puedo abrazarte, olerte, sentirte junto a mí. Hace mucho tiempo ya de la última vez que me dijiste «te quiero». Demasiados días, semanas, meses.

Te fuiste cuando menos lo esperaba y no tuve tiempo de prepararme. Las fotos solamente son recuerdos de momentos puntuales, ninguna llena el vacío que dejaste. En la memoria guardo tantas historias felices, tantas risas, tanto amor… Lo guardo todo como un tesoro y, aun así, **tengo miedo de olvidar.**

Sé que no puedo retenerlo eternamente. Me conformo con no perder nunca el recuerdo de tu rostro sonriente cada vez que estabas conmigo. La paz que transmitías en las noches de tormenta y el calor de tu cuerpo cuando me abrazabas tan fuerte que parecía que se me acababa el aire.

Te alejaba y me enfadaba.

Qué idiota.

Hoy lo daría todo por ahogarme en uno de tus abrazos.

Te prometo que nunca olvidaré esto del todo. Seguirás ahí, en el hueco que te mereces en mi pasado, en mi presente, en mi vida. Seguirás siendo un pilar en el que apoyarme cuando la vida más apriete y, lo juro, jamás dejaré que te pierdas en mi memoria.

Nadie como tú

No importa lo duro que sea el camino, ni todos los castigos que lleves a la espalda. Al final, lo que de verdad importa es seguir poniendo un pie delante del otro para cumplir una a una todas tus metas. **Nunca olvides el esfuerzo que has hecho para conseguir todo lo que ahora llevas. A veces olvidamos y nos centramos solo en la meta siguiente.**

Hay que disfrutar de todo lo vivido y, sobre todo, no minusvalorarse. Has pasado por mucho, has superado demasiadas cosas. Como yo, como todos. A veces, en la cama, no duermo y me lamento de todos los golpes que me han ido tirando al suelo a lo largo de mi vida. Me gustaría haber esquivado tantos… Aun así, no me arrepiento de ninguno de mis errores.

Son la vida que viví, el camino que me ha convertido en la persona que soy ahora. Y doy gracias porque amo todo de mí. Ya no me importa nada lo que piensen los demás, lo que digan otros. Hace tiempo que aprendí que la única opinión que de verdad importa es la de uno mismo.

Así que yo sigo a lo mío, luchando por cruzar mis metas de una en una, pero sin olvidar nunca qué es lo que me trajo a este punto en el que ahora estoy. Es muy importante no dejar de valorar todas las victorias que hemos conseguido, por pequeñas que parezcan. Si solo nos centramos en lo malo, es normal que la vida nos parezca una broma de mal gusto, un camino de espinas que solo nos hace sufrir.

De vez en cuando es bueno frenarse y dejar el esfuerzo de seguir avanzando por un momento. Mirar a tu alrededor, mirar atrás. Entender que somos las derrotas, pero también las victorias. Estamos hechos de mil momentos y todos y cada uno de ellos formarán siempre parte de ti. **Disfruta quién eres, no hay nadie como tú.**

Gracias por el amor

Es mirarte y comprender que no quiero amar a nadie más. Es tener la certeza de que estoy donde quiero estar y que, por una vez, **todo parece perfecto.** Ya no duele el ayer ni asusta el mañana, solo importa este presente contigo en el que me regalas la vida que antes me faltaba.

He aprendido a ser feliz así, con todo lo que tú me das y con todo lo que no sabía que yo tenía por vivir siempre queriendo más. He dejado de buscar en las estrellas una luna que eclipse todo lo demás y aprendido a apreciar lo bonito de las cosas pequeñas, lo innecesario de todo aquello que antes creía me daría la felicidad.

Ahora sé que la felicidad eres tú.

Llegaste para cambiarme la vida y no sabes cuánto te lo agradezco. Me abriste los ojos, quitándome esa ceguera autoimpuesta que no me dejaba ver más allá de mis propias manos. Menos mal que las uniste con las tuyas, entrelazando así este presente solitario que yo vivía con toda esa locura que te envuelve.

Por eso, gracias.

Gracias por ser como eres, por elegirme. Gracias por dejarme ser contigo, sin egoísmos ni heridas que nunca sanan. Gracias por los viajes, por las risas, por ser la luz que ahuyenta las tinieblas. Gracias por todo, pero más aún, gracias por el amor que has traído a mi vida.

Ojalá nunca me faltes.

Tengo miedo de volver a lo que era. Aunque, a decir verdad, no creo que eso suceda. Me has enseñado a vivir de una forma diferente, mucho más «tú», mucho menos «yo». Intentaré que nunca te falte nada para que nunca quieras irte. Y, si lo haces, que sea porque, simplemente, se acabó el amor, que no las ganas.

A ti, que te ríes

A ti, que te ríes y no sabes lo que duele. Que hablas, que dañas, que sonríes y no te importa nada. A ti, que no conoces y a pesar de ello juzgas, que de tanto que dueles no te das ni cuenta del mal que haces. O eso quiero pensar, pues si lo supieras y aun así lo hicieras, sería imperdonable.

A ti, que te juntas con otros a los que también les gusta hablar de los demás, que te siguen el juego con tal de que no hables de ellos pues su vida, en el fondo, puede que sea tan vacía como la tuya.

No sabes lo que duele saberse centro de cualquier crítica. **Si mi vida es un desastre es problema mío.** Mi ropa, mi cara, mi pelo, cualquier cosa que se te ocurre juzgar, tiene un porqué. Un motivo que desconoces y decides obviar para reírte, para sentirte un poco mejor contigo mismo gracias a las miserias de los demás.

Por eso te escribo. A ti, que podría considerarte enemigo. Yo no soy como tú. Quiero que entiendas de una vez por todas que no somos tan diferentes, que la vida que me ha tocado vivir podría haberte tocado a ti. **Así que no juzgues a los demás sin juzgarte a ti mismo primero.**

Estoy seguro que, desde ese momento, no volverás a hacerlo. Porque te falta entender que la vida no es fácil para nadie, que las decisiones que tomamos pueden afectarnos de muchas formas diferentes y, a veces, seguir adelante se vuelve un desafío.

Yo soy feliz tal y como soy.

Tal vez, de tus risas se desprenda tu propia tristeza contigo mismo.

No lo sé. Solo sé que nunca es tarde.

Así que… a ti, que tanto daño has hecho, te perdono. Pero cambia, aprende, porque nada bueno nace del dolor de tus risas.

Cambios

La vida está hecha de cambios. No tengas miedo, el cambio no tiene por qué ser algo malo. De hecho, tú mismo deberías estar en constante búsqueda de algo nuevo. Seguir cumpliendo uno a uno cada objetivo que un día te marcaste, pero tener claro que la vida sigue y hay que marcarse objetivos nuevos.

Cambia todo lo que necesites para ser feliz.

Ten presente que nada te ata cuando de buscar tu propia felicidad se trata. Si estudias una carrera que no te gusta o tienes un trabajo que no te llena, simplemente cámbialo. Suena fácil y, aunque no lo creas, en realidad lo es. Basta con romper el paso, por una vez, y dejar de hacer siempre eso que no te llena.

La vida es demasiado corta para perder los días en rutinas que no te llenan.

Por mucho miedo que te dé el cambio, ten presente que si te equivocas, siempre podrás volver a saltar hacia un nuevo futuro. Y así una y otra vez hasta que encuentres aquello que te haga feliz. Y entonces, quédate ahí. Seguirán cambiando muchas cosas, eso es inevitable, pero tú podrás decidir siempre lo que te gusta y lo que no; lo que te hace feliz y lo que, quieras o no, te va a tocar cambiar porque no suma nada a tu felicidad.

Así que, como te decía antes, no tengas miedo. La vida está hecha de cambio y eso, aunque no lo creas, siempre es bueno porque evita que nos quedemos estancados y nos empuja a seguir viviendo.

Amor

Al fin te encontré

Tengo aparcados en la garganta mil suspiros que llevan tu nombre. No me atrevo aún a dejarlos libres por miedo a enamorarme demasiado rápido y terminar sufriendo una vez más. **Las dudas forman parte de mi vida. Es el pasado el que me ha hecho así.** Cuando te lastiman demasiado, terminas protegiéndote de más para intentar sufrir menos.

Aun así, siento que no podré retenerlos por mucho tiempo. Se juntan con mis ganas de vivirte y no hay quien controle todos estos sentimientos. Es mirarte y saber que no me importa arriesgarme una vez más si es por ti. Me lo dice mi corazón maltrecho: esta vez sí.

Solo espero no equivocarme. No creo que la vida me vuelva a dar otro revés así. Ya son demasiadas ocasiones las que me ha tirado al suelo, demasiados remiendos para un mismo corazón. **Ya va siendo hora de dejar que las heridas cierren.**

Ten paciencia conmigo. Te prometo que no dejaré nada en el tintero cuando de amarte se trate. No sé hacerlo de otra manera. Siempre me entrego con todo. No sería justo que no me esforzara por un amor que trae nuevas esperanzas cuando en el pasado fui capaz de hacerlo con personas destinadas a ser, algún día, cicatriz.

No importa el ayer, solo el mañana que nos espera, si tú quieres, con mil y una historias que vivir juntos. Y aunque no todas sean buenas, estoy seguro de que al fin te encontré.

Se fue

Se fue como se van todas las cosas importantes en la vida: dejando una herida.

Duele como nunca porque jamás pensaste que esa persona faltaría. Pero se fue. Ya no está y tú no entiendes que la vida sigue.

No puedes anclarte a un pasado, a una persona. **No puedes condicionar tu mañana por un recuerdo, por un abrazo que ya no está por mucho que aún lo sientas.**

Sus brazos son la niebla que se lleva la luz. Te mantienen en tinieblas mientras tratas de avanzar y no sabes cómo. Necesitas soltarte, liberarte de las ataduras de un recuerdo. Porque eso es ahora: pasado, por mucho que forme parte del presente.

Ya no está.

Toca avanzar y mirar al frente. Llorar lo que haga falta mientras te sueltas de su abrazo, mientras dejas atrás a esa persona. Puede que fuera muy importante para ti, que su ausencia haga tambalear toda tu vida y que te cueste caminar sin sentir su apoyo en la espalda.

Pero no es el final.

Aprenderás a caminar de nuevo, a no tropezar. Levantarás el ánimo, la cabeza y volverás a ver la luz entre todas las sombras, mostrando el camino que tienes por delante y que, quieras o no, te debes a ti mismo vivirlo tan intensamente como te sea posible.

El amor es hacerlo

No basta con vivir, hay que darlo todo cada día por esa persona que dices amar. Hay que demostrar más allá de las palabras que todo lo que haces tiene un porqué, un quién escondido en cada mirada y un «para siempre» que nunca se quede corto. Aunque no creas en ellos, aunque de tanto que te han dolido antes ya no pienses en futuros a largo plazo, se los debes.

Hay que amar siempre con todo y no dejar la puerta abierta al olvido. ¿Qué sentido tiene amar si no? Vive y ama como si mañana fuera a ser siempre un poco mejor. Consigue que la sonrisa que se dibuje en su cara al verte crezca tanto que la confundas con ese horizonte que sueñas alcanzar. **Empuja los límites de tu conformismo tanto como te sea posible y más aún.** Que nunca haya rutina, que nunca decaiga el amor.

El amor es mucho más que estar ahí. Hay que hacerlo cada día, seguir construyéndolo incluso cuando lo des por terminado. Siempre habrá algo que mejorar, algo que volver a pintar o que rehacer.

Si han decidido estar juntos, hay que entregarse con todo. No vale hacerlo a medias. Por mucho que duela si un día se rompe, es mejor vivir con la tranquilidad de que hiciste todo lo que estuvo en tu mano a dudar de si pudiste haber hecho mucho más.

El amor se siente hasta en los huesos o no es amor.

Se hace en cada beso, en cada mirada y en cada te quiero. Se da todo, siempre. Porque amar sin darlo todo es beber de un vaso vacío que nunca sacia tu sed.

Así que ama sin miedo, o con él si quieres, pero ama. Deja a un lado tu propio dolor y entrégate a esa persona. Se lo debes, te lo debes. Que no haya un mañana en que puedas llegar a pensar que no hiciste lo suficiente. Ama con todo y apuesta una vez más todos los pedazos de corazón roto que te puedan quedar. Con suerte, esa persona será capaz de trenzar de nuevo todas tus esperanzas y volverás a ser feliz.

El amor es hacerlo. Cada día. Y si no lo haces, temblarán tus cimientos cada vez que un problema aceche. Así que ama y vive, sé feliz con lo que haces y siéntete siempre orgulloso de cada gota de esfuerzo que le dedicas a seguir creciendo junto a esa persona.

Neruda

El aire de sus besos giraba en el cielo y cantaba, rozándome los labios con sabor a versos de Neruda. Qué tendrá tan adictivo que aunque ya no la quiero, tal vez la quiero. Como si mi corazón no pudiera entenderla y el eco de su amor se confundiera en este olvido.

Me gusta cuando calla porque sé que siente todo en silencio. Que su amor no puede guardarse entre palabras, sino que lo demuestra en cada uno de sus hechos.

Y hoy calla más que nunca en la quietud de su olvido.

Resuenan en mi cabeza las risas que traen al alba el recuerdo. Esas que escuché mientras se iba, consciente del amor que yo todavía siento. Duele saber que por mucho que yo grite, mi voz no la alcanza. Y, si lo hace, el silencio cae en ella como al pasto el rocío.

Qué importa que mi amor no supiera llenarla ahora que se ha ido y ella no está conmigo. Por mucho que aún me duela, estos serán los últimos versos que yo le escribo.

Quizá así escuche.
Quizá así yo mismo deje de quererla.

Daño irreversible

La quería tanto o más que a mí mismo. Todo el mundo me advirtió del daño que podría llegar a hacerme y, aun así, quise seguir adelante sin miedo ni coraza. Decidí que amarla era más importante que yo mismo.

Fue un error.

El amor nunca debe ir por delante de tu propio bienestar. Por mucho que confíes en una persona, por mucho que creas que es la persona perfecta, siempre te puede fallar.

Y yo la quería así.

Con todo.

Por eso el golpe fue tan grande. Por eso ahora no sé ni quién soy, ni dónde estoy, ni siquiera lo que siento. Me arrancó mucho más que el amor. Creo realmente que nunca quiso hacerlo. Que todos cometemos errores y el daño que me ha hecho no fue consciente, o eso quiero pensar.

Nadie puede doler tanto y salir indemne.

Se quemó conmigo todo lo bueno que nos unía. Ahora ya no confío, ahora ya no me atrevo. Ahora quiero un futuro sin ella, un mañana diferente a este dolor que todavía siento.

Quizá el daño haya merecido la pena, después de todo, si con ello he conseguido abrir los ojos.

Nadie es perfecto, nadie debería estar nunca por encima de ti, mucho menos de tu propia felicidad. Se vuelve efímera si la dejas en manos ajenas.

Motivación

No te mientas

Pocas cosas son fáciles en esta vida. Nadie te va a regalar nada. Llegarás tan lejos como esfuerzo pongas en alcanzar tus metas, en superarlas y agrandar los límites de lo que se supone «no puedes hacer».

Que nadie te diga nunca cuál es tu lugar, lo que puedes hacer y lo que no. Solamente tú puedes decidir, nadie más tiene las riendas de tu vida.

Hay que esforzarse. Todo aquello que merece la pena de verdad está justo al otro lado del esfuerzo que nunca haces. Más allá de todo lo que dejas para mañana porque hoy puede más el cansancio.

O eso dices.

No te mientas. Ponle ganas de una vez por todas y cómete el mundo. Lánzate por aquello en lo que hoy en día solamente te atreves a soñar, y verás cómo empiezas a vivir tus sueños, a dejar atrás las metas y a marcarte otras nuevas. No pierdas más el tiempo. **La vida es un regalo**, esfuérzate por hacer de ella un viaje inolvidable de forma que, cuando al final vuelvas la vista, puedas sonreír con orgullo de todo lo que has conseguido.

¿Por qué no?

Qué tendrán tus ojos que, con una sola mirada, son capaces de leer dentro de mi alma todo lo que me haces sentir. Qué será todo esto que mueves dentro con solo una sonrisa y tú, consciente de ello, no me dices que no. Mantienes viva la esperanza y mis sueños, besando con los dedos en una caricia ardiente que me enciende el corazón.

Puede que la vida dé mil vueltas, que te vayas para siempre y yo me quede solo en este limbo de lo que podría llegar a ser. Que recuerde siempre el beso que no me diste y el abrazo que un día te robé... aunque no fue robado, más bien un regalo de tu parte, de esos que mantienen el fuego ardiente de mi amor.

O puede, en cambio, que de una vez por todas dejes de jugar y te atrevas a reconocer que sientes lo mismo. Que cada mirada que me regalas en realidad se debe a que no puedes apartar los ojos de mí. Sabes que tu corazón te empuja a ser libre, por una vez, y a amar a alguien que está loco por ti, que no quiere volver a pasarlo mal.

Así que ámame o no lo hagas. Pero decide si vas a sentir libremente o a dar la espalda a todo por miedo a que alguien te ame de verdad.

La vida pasa y tú lo sabes, no la pierdas
en la eterna duda de si mereces ser feliz.
Todos lo merecemos así que...
¿por qué no atreverse?

Hay que esforzarse

Tiene sueño en las pestañas y muchas ganas de vivir. De tanto que imagina su propia vida se olvida hasta de dormir. Y así le va. Con más sueños en la cabeza que en marcha, con ganas de todo y fuerzas malgastadas en una cama que únicamente atrapa.

Será que la vida que ahora tiene no le gusta demasiado, por eso vive mil vidas diferentes en su mente esperando que alguna se haga realidad. Tiene claras cuáles son sus metas, dónde tiene que dar el primer paso para poner rumbo a ese futuro que le está esperando.

Pero falla siempre a la hora de esforzarse. Como si las cosas se pudieran conseguir solas y no hubiera que darlo todo por cambiar el presente. Imagina desde la cama y sabe que no hay futuro alguno en ella. Todo eso con lo que sueña está al alcance de su propio esfuerzo… y nunca lo hace.

Basta ya de esperar que todo ocurra porque sí. Basta ya de esperar el cambio sin ganas de nada. No todo pasa porque sí. La mitad de las cosas en esta vida hay que lucharlas, y la otra mitad también.

No hay excusas cuando de ser feliz se trata.

No importa lo lejos que veas el mañana, la meta o los sueños. Nunca estarás más cerca de cumplirlos si no te esfuerzas en conseguirlo.

Así que venga, sacúdete el sueño de esos ojos cargados de esperanzas y abraza la vida ahora que estás a tiempo. Siempre hay un tren que parte de tu estación, siempre habrá una oportunidad de cambiar el mañana.

Personas

Es increíble pararse a pensar en el impacto que algunas personas tienen en nuestras vidas. Unas llegan de la nada y se hacen un hueco enorme en nuestro día a día, otras llevan ahí toda la vida. No importa quién, ni cómo ni cuándo. Solo importa que existen y están ahí para marcar la diferencia.

Las vidas que tocamos nosotros mismos también impresionan. Hacemos lo imposible por algunas personas y eso siempre quedará marcado a fuego en los corazones de todos ellos, por mucho que el tiempo nos quiera hacer olvidar.

Somos tan imperfectos que da miedo pensarlo. Cómo nadie puede seguir nuestros consejos… cómo nosotros mismos podemos seguir los de todos ellos. Supongo que eso es lo bonito: juntar tus ideas, tu mundo, con el de otras personas y hacer algo increíble juntos.

Ojalá que nunca falten las ganas de ayudar, las ganas de intentar hacer del mundo un lugar un poquito mejor. Siempre. Por mucho que todo se ponga cuesta arriba, no hay que perder nunca la sonrisa.

Hay personas de todo tipo que se cruzan en nuestros caminos. Y, supongo, lo importante es saber a quién de todos ellos vas eligiendo para que lo compartan contigo.

Amor

Pasados equivocados

He pasado por mil cosas en esta vida. He roto corazones, matado mis propias ilusiones y sufrido por amor. He ganado batallas y perdido guerras, así como pintado de esperanza mi pobre corazón. He respirado del aire de la envidia y he muerto en el recuerdo de un adiós.

He pasado por tanto como cualquiera para llegar aquí, a ti. Para llegar a un amor que, por una vez, no daña. Y qué extraña sensación saberse amado por alguien que solo te desea lo mejor. Qué raro es buscar la traición en tus ojos y encontrar solo comprensión. Lo siento por las dudas, por los enfados. **Lo siento por todo y por tanto.** La vida no ha sido fácil para alguien que perdió la fe en el amor.

Sin embargo, aquí estás. Tiñendo de pasión el gris de mis días y saciando la sed que otros desiertos dejaron en mí. No me sueltes. He pasado de ser valiente en mi soledad a temer estar sin ti. Qué idiota. Ni siquiera sé cómo dejé que ocurriera, pero aquí estoy, entregado por completo a un amor que, al fin, ha llegado para demostrarme que solo viví pasados equivocados.

Y aun así, los viviría una y otra vez.

Son el camino que me llevó hasta ti.

Vida en pausa

Siempre pensé que nuestro adiós sería diferente, si algún día llegaba. Mantenía la esperanza de ser capaces de salvar la caída, de dar un salto cuando la vida se pusiera en contra y cambiar el rumbo en busca del aire que nos llenara de nuevo las alas.

Imaginaba que llegarían tiempos difíciles, pero nunca así. Supongo que todo es peor cuando lo vives, cuando lo ves llegar y te sabes impotente porque el huracán no te deja cerrar la puerta y sopla el viento que todo lo rompe. Ese que un día creímos nos haría rozar las nubes de pura felicidad y que ahora nos lanza rayos de tormenta.

Truena la vida sin ti y me llueve el alma cada noche y humedece mi almohada a través de la ventana de mis ojos, esos que antes eran tuyos, pues no había nada más hermoso que mirarte recién despertada mientras tratabas de decidir si la vida era mejor que el sueño.

Y siempre me elegías a mí.

Ahora, en cambio, solo sueñas, solo dueles. **Tú, que nunca ibas a doler, eres la peor herida que me dejó la vida.** Intento cerrarla, pero no es fácil. No ahora que todo está tan reciente que aún siento tu cuerpo en el vacío de mi cama.

Sufro por no saber vivir sin ti, pero sé que la vida me espera, en pausa, mientras me vacío de todo lo que siento para poder llenarme de nuevo.

Heridas

La vida no siempre avisa del golpe. Un día te encuentras en el suelo y no sabes por qué. Te duele todo por dentro. Son heridas que, piensas, nunca sanarán. Te rompes en mil pedazos sin darte cuenta siquiera y te toca volver a juntar todas y cada una de las piezas de tu puzle.

Como si no tuviéramos bastante.

A pesar de todo, te armas de paciencia para recoger una a una las partes rotas de tu vida. Miras al futuro y te preguntas por qué no llega ya todo eso bueno que, se supone, te queda por vivir. Y te agachas en el polvo y miras dentro. Acaricias las cicatrices de otros pasados y suspiras consciente de que las nuevas heridas también dejarán marca. Con el tiempo has aprendido que forman parte de ti, de la persona en la que te has convertido.

Hay heridas de muchos tipos. Las peores son las que no se ven. Sabes que están ahí por lo duro que fue el momento, lo fuerte que te pegó la vida. Y te toca sanarlas sin saber muy bien cómo.

Sanarán, te lo prometo. Con el tiempo todas lo hacen. Duele tanto que asusta, pero no hay herida alguna que no se cure. El problema es que, estando abajo, con todo tan reciente, no se aprecia ningún rayo de luz en la oscuridad que te rodea. Ya llegará, de verdad, y volverás a levantarte, a sanar las heridas y, como siempre, caminarás de nuevo. Más fuerte, más valiente.

Hasta que la herida se torne cicatriz.

Gracias por tu amistad

Tal vez no te lo diga suficientes veces, pero soy feliz de tenerte en mi vida. La soledad de este mundo se vuelve efímera cuando estoy contigo. Es así. Tienes ese algo que aleja los fantasmas de mi vida y me hace pensar en el presente, mirando de reojo a un futuro en el que, estoy seguro, seguirás formando parte de mi vida.

No me importan las veces que tenga que repetirte las mismas cosas, las discusiones o peleas, ni todas las piedras que la vida ponga en nuestro camino. Después de todo, juntos formamos esta amistad y los roces están hasta en los cimientos de lo que construimos. Será que somos tan diferentes e iguales al mismo tiempo que es imposible no chocar.

Así que… gracias. Por estar ahí cada día y saltar los muros que siempre intento levantar. Lo siento. Nace de mí protegerme y solo tú eres capaz de mirar dentro por muchas barreras que trate de poner en medio.

Eres ese alguien que siempre está ahí, sin importar los problemas, haciendo caso omiso de la vida cuando esta más aprieta. Será por eso que puedo decir sin dudar que por muy cuesta arriba que se nos ponga todo, seguiré estando a tu lado con la mano tendida y mi amistad dispuesta a soportar cualquier caída.

Amor

La primera vez que te vi

Todavía recuerdo la primera vez que te vi. Cómo olvidar la primera vez en mi vida que perdí por completo el control de todo. Me quedé quieto, queriendo decir mil cosas, o moverme al menos para que no pensaras que era un idiota más de esos que no son capaces de ver más allá de tu belleza.

Y aun así, allí estaba. Me olvidé del mundo y, por un momento eterno, solamente existías tú. Recuerdo que me miraste con cara de duda, con media sonrisa asomando a los labios, consciente de lo que estaba pasando. Me di cuenta de que ya era tarde. «Un idiota más», debiste pensar. Y a pesar de ello, te acercaste.

Por suerte, recuperé la vida en ese momento. Como si todo lo demás hubiera quedado en pausa. Volvieron los ruidos, las charlas y, sobre todo, tú. Esperabas una respuesta a algo que no llegué a escuchar. «Idiota, definitivamente», pensé yo.

Te reíste y la música de tu risa aceleró mi corazón. **Te juro que no sé lo que viste en mí aquel día, pero doy las gracias por ello.** Recuerdo quedarnos solos, rodeados de personas. Hablamos durante horas y, al final, me besaste. A mí, aquel idiota.

Fue la mejor primera cita de dos completos desconocidos. Tanto, que hoy todavía sigues aquí, a mi lado. Y yo no puedo dejar de preguntarme cómo conseguí enamorar a una chica como tú.

No contestes, no hace falta. Me basta y me sobra con saber que aquella estrella fugaz que un día frenó mi vida resultó ser el deseo que ni siquiera recuerdo haber pronunciado.

Soy como soy

Cansa, y mucho, tanto enfado. Tanta negatividad con cualquier cosa que hago. Como si todo estuviera mal porque tú lo digas, y tuvieran que hacerse las cosas siempre a tu manera.

Agota pensar todo mil veces por miedo a enfadarte. Al final, de tanto pensar, termino cometiendo mil errores por tratar de ser alguien que no soy. Quizá la culpa sea mía por querer contentar a quien no me acepta así, con todos mis fallos y tonterías que, por mucho que te quiera, no puedo dejar de cometer.

Soy un desastre, lo sé.

Pero estoy cansado de intentar ser algo diferente a mí mismo. **Soy como soy y eso tendría que bastar.** Así que acéptame de una vez o no lo hagas, pero deja de hacerme perder el tiempo y la vida en eternos debates de cómo hacer todas las cosas a tu manera. Que, por cierto, no tiene por qué ser la correcta.

Yo voy a seguir igual. Cometiendo errores y pisando fuera del camino. Estoy cansado de perderme en todo eso que esperas de mí.

Amor

Me encantas

Qué difícil definir lo que siento por ti. Sumas de mi resta y te conviertes en la sonrisa de mis días. Eres capaz de darle la vuelta a todo con tal de verme feliz y yo, que no soy más que una duda constante, me pregunto qué he hecho para tenerte aquí.

Será que tal vez la vida se haya cansado por fin de darme patadas y te haya puesto a ti en mi camino, como si contigo compensara todo lo malo que me ha hecho pasar. Y…, la verdad, volvería a vivir todo lo vivido con tal de volver a encontrarte frente a mí.

Me encanta todo de ti.

Desde la forma en que me miras hasta esa manera de entender lo que me pasa sin necesidad de una sola palabra. Eres tan increíble que tengo miedo de perderte sin siquiera enterarme. Que un día llegues y te des cuenta de que tal vez no te gusto tanto como imaginabas. No lo sé.

Simplemente me encantas. Adoro pasar tiempo contigo, hacer de cada día algo diferente por mucha rutina que se nos eche encima. No pasa nada. Podemos ser felices en nuestro mundo repetido mientras nos tengamos el uno al otro. De eso estoy seguro.

Tú eres tu media naranja

Muchas veces caemos en el error de pensar que somos una media naranja que busca su otra mitad. Nos cuesta diferenciar el amor de la dependencia. Necesitamos amar a alguien para sentirnos completos y ese es un grave error. **La vida pasa en un suspiro, el mismo que te roba cualquiera al que te entregas sin preocuparte primero por ti mismo.**

Ámate por completo. Encuentra tu otra media naranja en tu interior y sé siempre una naranja completa. Quiérete. Aprecia cada uno de tus «defectos» y entiende que son los que te hacen diferente al resto. La sociedad se empeña siempre en buscar una falsa perfección que no existe.

Todos somos perfectos en nuestras rarezas, diferentes, únicos.

La clave para amar bien es amarse primero a uno mismo. Amar todo lo que eres, estar a gusto contigo y que los demás piensen lo que quieran. No importa nada más que eso. Si te quieres, si te amas, serás una naranja completa. No necesitarás ninguna otra mitad y podrás amar a alguien que también esté completo. Eso es lo bonito. Que el amor huya de la dependencia y se encuentre siempre en compartir un camino que les lleve a ambos a una felicidad diferente. Y digo diferente, porque la felicidad primera será siempre la tuya propia si consigues completarte, si consigues ser siempre tu propia naranja.

Desamor

Lo siento

Perdona cada vez que lo he estropeado, cada vez que lo quise intentar y no supe cómo. Disculpa cada lágrima, cada problema, cada noche de irnos a dormir enfadados. Te pido perdón por no saber hacerlo mejor, a pesar de darlo todo; a pesar de todo el esfuerzo, siempre llega ese momento en que todo se viene abajo.

Y la culpa es mía. Por querer y no saber, por fallar y no entender. Y culpo al mundo, te culpo a ti, culpo a mi boca por decir cosas que yo no siento, que ni siquiera pienso y salen de ella sin darme cuenta siquiera.

Perdóname.

Me pesan en el alma cada uno de los días que te fallé. A pesar de las promesas, he sido capaz de derribar los muros que tanto nos costó levantar. Será que las promesas no sirven de nada, por muchas que hagas, por muchas que cumplas: si en una sola fallas, todo lo demás no importa.

Por eso te pido perdón. No suplico segundas oportunidades, no pido que olvides. Por pedir, ni siquiera sé lo que pido porque me siento culpable de haber llegado a este punto. Si no lo hubiera estropeado, nada tendría que pedir ahora.

Palabras.

Todo son palabras.

Disculpas, promesas, intenciones.

Y nada vale, porque nada pesa. Porque en el momento en que el viento sopla, todo se lo lleva.

Así que no digo más, no escribo más, **no prometo más.** Que sean tus ojos los que vean el cambio, que sea tu corazón el que sane después del daño; que mi amor demuestre, por una vez, que los muros que construya sobre los escombros de lo que rompí serán tan fuertes como lo que yo siento por ti.

Amor

Caricias

Hay caricias que lo significan todo y otras que no transmiten nada. Dedos silenciosos que gritan sentimientos, que te mueven por dentro y te hacen sentir mil cosas diferentes por segundo.

No son los dedos, es la persona que te roza, la que te toca y eriza tu piel, la que te mira a los ojos y te hace perderte en ellos, como si el tiempo dependiera de la velocidad de la yema de sus dedos sobre tu piel. El tictac del reloj: su respiración pausada; mientras la tuya, entrecortada, marca el ritmo de la vida. La misma que quieres frenar en ese instante. Hacerlo eterno mientras sus dedos acarician tu cara, tu cuello. Cierras los ojos y suspiras: **que no termine nunca ese momento.**

Hay caricias que queman en los huesos y otras tan frías que entiendes que solamente hay vacío entre los dos. Hay caricias que encienden y otra que apagan, que salvan o matan amores según lo que te hacen sentir.

Hay tantas caricias diferentes y yo… yo solo sé que no quiero otros dedos que nos sean los suyos acariciando mi piel.

A todos los pasados

Hay mucho olvido en el presente, más aún en el futuro. Dejamos atrás historias, vidas, corazones. Dejamos por el camino todo lo que nos sobra, sin tener en cuenta la importancia que tuviera una vez. **No debemos condicionar nunca el futuro por un pasado que solo apriete, que no sume nada y reste parte de la felicidad que nos toca vivir.**

Mis pasados están ahí, igual que los tuyos. Son la parte de la vida que ya no volverá jamás y que, quieras o no, te ha hecho quien eres. Así que nunca olvides. Olvidar tu propia historia es lo peor que puedes hacer, pues nada te impedirá volver a cometer viejos errores.

Somos lo que somos por todo lo vivido.

Cada una de las decisiones que tomamos nos ha cambiado, para bien o para mal. Los daños también son importantes. Cuanto más haya dolido algo, mayor será el cambio que haya provocado en ti, en tu forma de ver la vida y, sobre todo, de vivir.

Así que yo lo tengo claro: a todos mis pasados les hago caso. Los miro de vez en cuando y trato siempre de aprender. No importa lo lejos que quede algo, al final todo se resume en lo que pudo ser, en lo que fue y ya no es o en todo lo que se repetirá algún día.

La vida es una rueda y, tarde o temprano, todo eso que tratamos de olvidar nos servirá. Nada sucede en balde y, por mucho que duela algo, tenerlo presente es una forma más de convivir con la persona que eres hoy.

Tropiezos

Puede que la vida no siempre sea tan sencilla como debería, o como nosotros esperamos que sea, al menos. Que las cosas malas siempre nos pasan a las mismas personas mientras otras viven sus vidas de alegría en alegría. Pienso que, realmente, esto no es así del todo. Es cierto que a algunos parece perseguirnos la mala suerte, pero cada uno de nosotros tomamos las decisiones que nos parecen adecuadas.

Luego te das cuenta de que no, de que fue un error y duele fallar tanto que a veces, incluso, sientes que todo parece una broma. Creo que todos hemos pasado por eso, en realidad. No importa cuánto luches o te esfuerces, al final siempre sucede algo que destruye todo lo que tanto te costó construir.

O no.

Quizá le damos demasiada importancia al fallo y cuando acertamos no nos paramos lo suficiente a sa-

borear esa victoria. Quizá los errores pesen demasiado y ¿hay error mayor que ese? Dejar que lo negativo supere a lo positivo, que la felicidad nunca llegue porque siempre haya algo que nos frene, que nos cambie el regusto de la victoria por un sabor amargo a derrota.

Piensa en ello, en la vida que se pierde de tristeza en tristeza y la poca que se gana con cada cosa buena. Dale la vuelta a eso. Entiende que necesitas ser feliz sin importar lo que pase, que tus decisiones siempre son buenas aunque fallen porque en la intención está el premio, en atreverse a hacer algo a pesar de que, luego, pueda doler.

No dejes que los tropiezos signifiquen que el suelo es tu lugar. No, jamás lo será. **Levántate siempre** y mira al frente, dispuesto a sanar cualquier herida con una buena dosis de felicidad.

Seguir adelante

No sé lo que viene ahora. Sinceramente, nunca pensé que llegaríamos a este punto. Aun así, sé que no es el final. Por mucho que el amor sea un pilar en nuestras vidas, **no dejaré que al faltarme tú todo se venga abajo**.

Es posible que mi mundo se tambalee durante un tiempo, que mis miedos me asalten cada noche y un «vuelve» se me ahogue en la garganta cada vez que pienso en ti. No digo que sea fácil, ni mucho menos, pero tengo claro que tengo que colocarme a mí delante, por una vez, para recuperar el control de una vida que se ha puesto patas arriba.

**Tal vez haya un nuevo mañana para nosotros,
tal vez no.**

Solo sé que ahora me toca a mí ser el dueño de mi propia felicidad y no pienso dejar que nada se interponga en ello. La vida pasa y yo con ella. Cada día perdido es un día menos que sumar, uno menos vivido de esta cuenta finita que tenemos ante nosotros.

Y por eso, por mucho que duela este adiós, por mucho que sienta tu ausencia en cada cosa que hago, llenaré el vacío de mí y pararé todos estos temblores. Haré de mi vida lo que era antes de ti y seguiré adelante poniéndome primero para conseguir superarte.

Kamikaze

Cómo quisiera mirarte y no dudar. Aguantar tu mirada sin miedos y sin preguntas, sin pensar en futuros en los que me faltes o noches en vela abrazando tu ausencia. No puedo evitarlo. **El pasado me ha roto demasiados futuros como para conseguir ilusionarme de nuevo libremente.**

Siempre hay una cuerda que tira de mí cuando echo a volar. Justo antes de rozar el cielo, me frena en seco y me protege de una nueva nube de cristal que se pueda romper entre mis dedos cuando más enamorado esté. Es normal, supongo. Protege mi cabeza siempre que mi corazón se vuelve a lanzar. Kamikaze, me gusta llamarle. Porque no le importa morir de amor cada vez que siente la caricia de esperanza de un nuevo corazón que le abrace, que le dé al fin todo lo que un día otro no supo darle.

A pesar de ello, lo intento, créeme. Trato de soltar el nudo que me ata al suelo y estoy dispuesto a arriesgarme en tus alturas. Sé que tú no me dejarás caer. Lo siento dentro y por eso, algún día, lo conseguiré. **Ten paciencia conmigo, me han dolido demasiado como para dejar mi escudo a un lado tan deprisa.**

Aun así, te prometo que estamos bien. Noto cómo cada vez vuelo un poco más alto y estoy a punto de salir disparado hacia ti.

No me falles, agárrame.

Deja de comerte la cabeza

Vivimos preocupados siempre por cosas sin importancia real mientras la vida pasa. Perdemos el tiempo en eternos debates mentales sobre qué hacer, qué piensa este o aquella, qué hice mal, qué podría haber hecho mejor.

Nos cuesta entender que las cosas que de verdad importan no son esas. Nuestra cabeza tira de nosotros, nos engaña y nos preocupa con tonterías que, al final, cuando miramos atrás, nos hacen darnos cuenta de todo el tiempo que hemos tirado a la basura.

Sé feliz contigo mismo, eso es siempre lo más importante y lo primero.

Mientras estés a gusto con quien eres, poco importará lo que piensen otros. Acéptate, eres tu único juez y no tienes que ser nunca tan exigente contigo mismo.

No te compares. **Que cada uno haga, piense o sea lo que le dé la gana.** Es lo bonito de estar vivos: que todos podemos decidir sobre nuestras propias vidas y no deberíamos nunca sentirnos insatisfechos con nosotros mismos por lo que hagan otros. Simplemente vive tu vida como quieras y que ellos hagan lo mismo.

Ámate aunque ya te amen otros y, sobretodo, si no lo hace nadie. **Nunca estarás solo mientras te tengas a ti.**

Perdemos demasiada vida entre pensamientos inútiles. El tiempo que tienes es un regalo, no lo malgastes comiéndote la cabeza con cosas estúpidas que no llevan a ninguna parte. Cuando tu cabeza decida que perder así el tiempo es lo más importante, ponte en huelga. No pienses. Ocupa todos tus sentidos en hacer algo realmente productivo. Cualquier cosa sirve con tal de no perder ni un solo segundo más en todas esas tonterías.

Y si lo has estropeado, pide perdón, demuestra que lo sientes y que sea la otra persona la que tenga que decidir si te perdona o no. Más no puedes hacer así que, por muy culpable que te sientas, ya no es decisión tuya y de nada sirve comerte la cabeza.

En fin: que seas feliz. Que no dejes que el mundo y mucho menos tu propia cabeza te haga perder ni un solo instante de vida. Como digo siempre: **tú primero, el mundo luego.**

Y que la vida siga.

Hay tanto de ti en mí

Quizá no te lo diga lo suficiente. Como si por ser familia tuvieras que darlo por hecho, pero te quiero tanto que a veces duele. No porque haya algo malo en ello, sino porque tiemblo con la simple idea de pensar que un día me puedas llegar a faltar.

Hace tiempo que me dicen todos que me parezco demasiado a ti. Y yo feliz. Quién mejor que tú para parecerse a alguien. Puede que tengamos un carácter muy fuerte y por eso choquemos tanto, aunque sabes que no cambiaría por nada ninguno de tus abrazos.

Eres la parte de mi vida que siempre sigue ahí. Por mucho que todo lo demás cambie, al final estás tú con tu sonrisa y tu abrazo para calmar todos los males. Dicen que la familia es un regalo y no puedo estar más de acuerdo. Hay tanto de ti en mí que soy feliz solo de pensarlo.

Te prometo no perderme nunca para seguir encontrando siempre el camino de regreso hasta ti. Por muy feo que se ponga todo lo demás, sé que tú jamás me fallarás.

Y tenlo claro: yo a ti tampoco.

Desamor

El frío de tu amor

Cada vez te siento más lejos de mí, de nosotros. Estás aquí y al mismo tiempo en otro mundo. Siento que tu cabeza ya piensa en un futuro en otros brazos y que lo único que te retiene es tu corazón. Quizá ni eso. Tal vez solo estés esperando a que yo también me enfríe para que todo esto sea lo menos doloroso posible.

Y no sabes lo que duele igualmente. Tenerte, abrazarte, besarte… y sentir vacío en cada una de las cosas que haces. Serás de otro ya, quién sabe. Quizá anheles otros brazos, otros labios, otro amor.

Se me pasan tantas cosas por la cabeza cada día que no sé cómo no me he vuelto loco aún. Si sigues aquí, ¿por qué no lo intentas al menos? Lucha un poco por todo esto que tanto nos ha costado construir. No dejes que se pierda en el olvido de tu adiós.

Estoy seguro de que, algún día, cuando todo esto se haya terminado y yo ya no piense en ti como ahora lo hago, **te darás cuenta de que cometiste un gran error.**

Y tal vez entonces me busques otra vez**. Y yo ya no estaré ahí para ti.** No de la forma en la que ahora lo estoy.

Así que ten cuidado con este juego que te traes entre manos. Hay heridas que nunca sanan cuando las provocas en el corazón. El mío ya tiene suficientes remiendos como para seguir sufriendo en el frío de tu amor.

Si tú quisieras

Hace tiempo que busco las palabras con qué declararme y nunca las encuentro. Son tan esquivas y yo tan lento, que nunca consigo atraparlas. Y sé que están ahí. Las percibo volando a mi alrededor mientras reúno el valor para lanzar el corazón, una vez más, sin miedo a lo mucho que lo puedas llegar a romper.

Quizá ese sea mi mayor error: esperar el momento perfecto que nunca llega mientras la vida pasa y tú con ella. Tal vez, si sigo esperando un solo día más, otro corazón se me adelante. Uno más fuerte, más valiente. Uno que se merezca enamorarte.

¿Y por qué yo no? Si llevo aquí toda la vida, perdiendo el tiempo que no me sobra de estar contigo, si tú quisieras. Pues cada minuto que te tengo lejos lo mido en besos, abrazos, vida perdida. Cientos de historias que podríamos haber vivido ya, alejando la soledad con el calor de tu presencia.

Y ya no pienso esperar más.

Te quiero desde hace tanto que ya olvidé la fecha en que robaste del cielo aquella estrella con la que hoy me iluminas la vida. La misma que quiero vivir a tu lado, si tú quisieras, para colmarte de futuros en los que, al fin, sientas que estás con alguien que se desvive por ti.

Hoy, mañana y siempre. Incluso aunque un «no» sea tu respuesta, aquí seguiré.

Amor

Palabrería de enamorado

Te quiero, no sé decirlo de otra manera. Te quiero tanto que a veces me olvido del mundo entero. Como si no hubiera vida más allá de ti. Lo sé, claro que la hay y que la seguiré viviendo. Pero… ya me entiendes.

Querría poder hacer justicia con estas palabras a todo lo que me haces sentir. No creo que lo consiga. **Eres tan importante para mí que no me quiero ni imaginar lo duro que sería perderte.** Creo que puedo decir sin miedo a equivocarme que eres la persona más importante de mi vida, que ya es decir.

Me gustas tanto que a veces dudo de si será todo real. Tengo miedo de despertar una mañana y que no estés, que todo haya sido un sueño. Ojalá nunca ocurra. Sería horrible perderte así.

Te quiero. Muchísimo. Solo espero que lo tengas claro. Sé que todo esto que digo no es más que la palabrería de un enamorado, pero los dos sabemos todo lo que hay detrás.

Seguiré aquí, como lo he estado siempre. Porque todos mis futuros son contigo y los que no, simplemente, los dejaremos aparcados allí donde no molesten.

Peter Pan

Echo de menos ser niño. Creo que a todos nos pasa en algún momento de nuestra vida. Ese complejo de Peter Pan que nos sigue en las sombras, que nos recuerda que la vida era mucho más sencilla antes de crecer. Echo de menos las risas y los amigos, las riñas, las canciones. Jugar, jugar y jugar. Como si no hubiera un mañana adulto acechando a la vuelta de la esquina.

Echo de menos la ausencia de estrés, de ansiedad. Vivimos en un ataque continuo que nos cobra en salud, en insomnio, en una falta total de cuidarnos a nosotros mismos. Como si crecer significara olvidarnos.

Ojalá pudiera ser niño otra vez, pero serlo siendo adulto. Ser capaz de tomarme las cosas como antes. Quizá debería empezar a preguntarme qué haría ese niño que, estoy seguro, aún sigue escondido en algún lugar dentro de mí. Protegido y asustado de la persona ocupada en la que me he convertido.

Seguro que se tomaría las cosas con mucha más tranquilidad que yo. Quizá incluso dejaría atrás trabajo, estudios o cualquier otro problema que yo no consigo superar. Se curaría primero las heridas que nos ha dejado el presente, lleve el tiempo que lleve, y volvería a mirar al frente con una sonrisa en los labios, buscando el siguiente juego que nos haga felices y no condene ni un solo momento nuestro bienestar.

Quizá estamos equivocados.

Quizá deberíamos empezar a hacer las cosas que nos hagan felices antes que esas que la sociedad impone. Tal vez así, el futuro que veamos ante nosotros se parezca un poco más a esos tiempos en los que, de pequeños, éramos felices con lo mínimo.

Amor

Llegarás

Todo lo bueno en esta vida se hace esperar, o eso dicen. Yo llevo tanto tiempo esperando que a veces dudo, a veces siento que nunca llegarás. Aun así, lo tengo claro: no dejaré de buscarte por mucho que me duelan otros corazones.

Personas equivocadas que se cruzan en mi camino, que me ilusionan y al final dejan tras de sí un recuerdo amargo de «quiero y no puedo». Crees que es la persona definitiva, esa que estabas esperando y por fin llega.

Pero no. Te das cuenta de que llegó para irse y que tú sigues ahí afuera esperando que la vida haga chocar a uno con el otro.

Llegarás cuando menos me lo espere. Seremos nosotros mismos y con eso será suficiente. Tanto amor tendremos como sea posible y eso será lo correcto. Crearemos nuestro propio universo en este mundo que tantas veces nos ha hecho tropezar.

Y será la última vez que alguien nos duela. Ya no habrá penas en nuestro futuro, ni más heridas para este corazón que te lleva esperando tanto que no sabes las ganas que tiene de vivirte.

Hasta entonces, seguiré buscándote. Seguiré amándote sin conocerte aún. Con las ganas intactas por muchos errores que cometa hasta el día en el que, al fin, derribes de un solo golpe todas las barreras y me encuentres con fuerza en el alma y fuego en el corazón.

Ojalá te quieras

Ojalá te quieras tanto como deberías, tanto como mereces quererte a ti mismo. Ojalá dejes de buscar en los demás el amor que tú te puedes dar y avances así hacia una felicidad plena. Que tus manos sean las únicas que soporten esa carga para que nadie pueda nunca dejarla caer más que tú mismo.

Ojalá en el espejo solo vieras cosas buenas. El mundo ya es lo suficientemente cruel a veces como para que encima nosotros lo compliquemos más.

Quiérete. Es así de simple. No hay nada malo en ser tú. Al contrario: es lo mejor que te podría haber pasado. **Eres único. No hay nadie como tú y en eso radica la mayor de las bellezas.**

Ojalá te enamores de ti mismo cada día. No hay amor más real que ese, pues es el único que de verdad es para toda la vida. Todos tus complejos, tus inseguridades, nacen de lo que otros puedan pensar de ti. Aprende a vivir con ello en último plano, controla tus miedos y sé feliz de una vez a tu manera.

Quererse a uno mismo es siempre el primer paso de la felicidad.

Ya llegará después el amor de cualquier otra persona para complementarse con el tuyo, pero nunca para ponerse por delante. Tú primero, siempre, el mundo luego.

Ojalá te ames tanto o más de lo que esperas que te amen otros. Que cuando la duda aceche, tu risa la enfrente con la tranquilidad de saber que, por mucho que apriete, nunca tendrá la fuerza suficiente para hacerte caer de nuevo en todas esas inseguridades que marcaron tu vida.

Basta ya de no aceptarte, de mirar con ojos ciegos hacia ti mismo. **Eres increíble y no te das ni cuenta.** Así que, por favor, quiérete, y nunca dejes que nadie te haga dudar, mucho menos tu propio reflejo.

Ojalá te quieras tanto que entiendas que la felicidad que buscas ya la tienes. Está ahí, al otro lado de todas tus dudas.

Desamor

Aprendiendo a no quererte

Te quise como nunca había querido a nadie. Quizá más. Por eso dueles tanto. Jamás pensé que tú podrías llegar a ser la causa de este dolor, pero te fuiste y yo sigo anclado a ti. De hecho, tú eres el ancla que se hunde y yo la cuerda que te acompaña, ahogando mis ganas y mis fuerzas, ahogando todo lo bueno que hubo entre nosotros.

Y tocamos fondo.

Te quise tanto que ahora me arrepiento. Pensé que siempre sería capaz de entregarme a alguien sin arrepentirme de las consecuencias, pero ahora, con la herida abierta y mi mundo dando vueltas, me arrepiento de no haber tenido más cuidado. Debí protegerme mejor y no poner todas mis esperanzas en ti, supongo. Aunque eso hubiera significado quererte menos, si fuera posible. Aunque lo dudo. Fuiste tan importante para mí... todo lo que soñaba era contigo a mi lado. Pensé que quizá la vida, por una vez, había tenido la bondad de poner un poco de felicidad en mi camino.

Qué equivocado estaba.

Sí, fui feliz, como nunca lo he sido. Pero por eso ahora duele tanto tu adiós. Siento que me arrancaron una parte de mí mismo y, aun así, no dejo de pensar que ojalá seas feliz allí donde la vida te lleve.

Será que aún te quiero más que a nada.

Será que aún no he aprendido a no quererte.

Ahora y siempre

Tienes hielo en las venas y desamor en el corazón. No te culpo. Te ha dolido tanto que ya no sabes confiar sin miedo. Te has vuelto tan fría que te cuesta estar cerca de cualquier fuego que intente derretir tus barreras.

Nadie nace así de cerrado en sí mismo, así de alerta. **Todos confiamos hasta que alguien nos duele tanto que cerramos todos los caminos de vuelta a nuestro interior.** Ya no dejas que nadie pase tan fácilmente, mucho menos si es para quedarse.

Pero, a veces, alguien lo consigue.

Hace hogar de los escombros del ayer y ayuda a sanar las heridas. Besa las cicatrices y admira el valor que mostraste en todas esas batallas, ya fueran ganadas o perdidas. No le importa nada más que estar ahí, contigo, en ese momento.

Esas personas son las que merecen la pena de verdad.

Luego están esas que entran a la fuerza y no respetan nada. Que exigen, que duelen, que sangran desde dentro y abren nuevas heridas allí donde te costó muchísimo esfuerzo sanar.

Al principio confiaste. Creíste que serían de esas por las que merece la pena correr el riesgo. Pero te equivocaste. Entraron en tu vida y fueron rompiendo todo a su paso, una vez más.

Y mientras recoges los pedazos rotos te enfrías más y más. Y no te culpo. Pero no me pidas que me aleje, aunque nazca de ti hacerlo. Tengo calor suficiente para provocar un incendio y creo que eso es justo lo que necesitas. Nadie habla de amor aquí, sino de estar ahí para ti cuando lo necesites, ahora y siempre.

Ganas de todo, si es conmigo

Tengo ganas de vivir. Ganas de levantarme cada mañana con un reto diferente, de no dejar pasar la vida sin subirme a cualquier tren que me lleve lejos y me haga vivir una aventura distinta a todo esto que ahora tengo.

Ganas de todo y, más aún, ganas de mí. Porque hace tiempo me perdí y me sigo buscando entre las vidas de otra gente. A veces siento que, en realidad, me perdí por querer ser como todos ellos.

Por eso, ahora tengo ganas de todo eso que dejé de vivir por adaptarme a otros ritmos, a otras vidas. **Tengo ganas de mí, de ser feliz de una vez por todas con la persona en la que me he convertido.** De dejar de mirar por encima del hombro tratando de encontrar unos ojos que me acepten y entender que la vida pasa volando mientras trato de encontrarme.

Basta ya.

Es hora de dejar a todos a un lado y centrarme en mí, en lo que tengo y no valoro, en lo que soy. Tengo ganas de todo en esta vida y, más que nada, ganas de mí. Ya sea en soledad o rodeado de amigos, tengo que dejar de querer ser como ellos para ser feliz, de una vez por todas, con cada una de las rarezas que me hacen único.

Piedras

Qué tendrá la vida que siempre que estás en lo más alto busca piedras enormes que cruzar en tu camino, cuando más feliz te sientes, cuando más dichoso eres porque te va bien en el amor, los estudios o el trabajo, en algo que hacía tiempo que querías y por fin lo conseguiste.

Entonces llega la vida y, sonriente, te hace tropezar. Te lanza fuerte contra el suelo y te devuelve a la realidad que a ella le gusta, como si verte volar tan alto fuera en su contra y decidiera que ya tuviste suficiente.

Me frustra lo efímero que termina siendo siempre lo bueno, lo mucho que dura a veces lo malo. Me duele pensar que no queda otra que aceptarlo. Entender que, por mucho que la vida nos ponga trabas, siempre podremos volver a estar arriba.

Está en nuestra naturaleza levantarnos después de cada caída. Así que… no me importa. Volveré con más fuerza, con más ganas. Subiré más alto esta vez y quizá no me alcance.

Seré feliz.

Siempre.

Por muchas piedras que me lance. Seguiré esquivando todas y cada una de ellas y, si tropiezo con alguna, me quitaré el polvo del camino, me levantaré y miraré hacia arriba. Desafiante. Porque nada me impedirá nunca seguir cumpliendo mis sueños.

Silencio

No lo sabes, o quizá sí, pero tus silencios matan. Hace mucho que llegaste a mi vida e hiciste hogar de los escombros. Te quedaste como un hueco dentro de mi corazón y ahí sigues desde entonces. Amaba cada una de tus risas, cualquier tontería que me contabas e incluso los silencios que hicimos nuestros con juegos de miradas.

Lo amaba todo. Era feliz contigo y nada podrá quitarme eso, ni siquiera tú.

Ahora te empeñas en callar. **Ya no eres la persona que eras conmigo.** Todo ha cambiado y apenas te reconozco. Creí que nunca me faltarías por mucho que lo nuestro terminara, que los dos seríamos capaces de seguir adelante sin perdernos. O al menos tú. Ahora, en cambio, parece que solo yo remo en la dirección que siempre hablamos mientras tú te alejas y guardas silencio, culpable por perderte tú primero.

Y así nos va.

Ya no hay miradas en el silencio, ni risas, ni juegos. Ya no hay nada. Te alejas cada día más y no te alcanzo. Sigo pensando en ti como esa persona que nunca me faltaría, y ahora dudo, algo que nunca hice mientras estábamos juntos. Dudo de todo. Dudo de este silencio que no entiendo porque estoy dejando de entenderte a ti.

No tengo miedo a estar solo, mi felicidad no depende de que estés aquí. Pero odiaría que siguiéramos haciendo oídos sordos a todo este ruido que te aleja y al que no pareces querer ponerle fin.

No te vayas, no te pierdas. Yo sigo aquí, donde siempre he estado.

Vuelve a reír, a soñar, a vivir. Vuelve y apaga este silencio.

Solamente vuelve a mí.

Hasta que el cuerpo aguante

Quizá mañana todo sea diferente. Puede que llegue un momento en el que nada duela, en el que todo resbale. Puede incluso que llegue un día en el que no tengas que esforzarte para conseguir aquello que deseas y que los sueños se cumplan solos.

Hasta entonces, no puedes seguir esperando que todo pase porque sí. Es necesario darlo todo por aquello en lo que crees, por aquello en lo que sueñas. Las metas están ahí para cumplirlas, pero también para no estancarse después. Derriba todas las barreras y sigue adelante. Busca una meta nueva que cruzar, un nuevo sueño que cumplir.

La vida está hecha de cambio.

Hay que adaptarse al futuro sin dejar de disfrutar el presente. Hay que luchar por ser feliz, siempre, y darlo todo hasta que el cuerpo aguante.

No dejar al azar tu propia felicidad. Así perderás siempre. No hay nada peor que conformarse con lo que tienes, con no querer mirar al mañana con el deseo de mejorar lo que ahora vives.

No te detengas jamás, mucho menos cuando creas que ya lo tienes todo. La vida siempre se guarda un golpe debajo de la manga. Así que tú a lo tuyo y prepárate para seguir viviendo por muy cuesta arriba que se ponga el camino.

Ruinas

Me gustaría que no te hubieras ido todavía, que siguieras a mi lado cada día como antes. En cambio, hay ausencia en tus silencios y suenan huecos los «te quiero» que no hace mucho significaban todo.

Ojalá pudiera mirar dentro de tus sentimientos, esos que callas y nunca compartes por mucho que yo pregunte e intente sacar todo esto adelante.

Solo.

Así me siento cada vez que te miro y tú rehúyes mis ojos. Es la soledad que nunca imaginé a tu lado y que hoy pesa demasiado. No sé ya qué más hacer para salvar esta caída. Me cuesta creerlo. Nosotros éramos los que nunca bajaríamos a estos infiernos y míranos ahora: muertas las ganas y sin fuerza apenas para seguir amando.

Me gustaría no sentir tanta soledad a tu lado en este adiós que nunca llega por falta, supongo, de valor. Valor para despertar mañana en otros brazos, en otra vida, en algo diferente a esta rutina.

Vuelve, mientras estés a tiempo. Quizá mañana sea tarde y cuando llegues solo encuentres las ruinas de lo que has abandonado hace ya demasiado.

La persona más importante

Querría tomar un minuto de tu tiempo solamente para darte las gracias. Creo que nunca lo digo lo suficiente y si algo me pesa luego en la conciencia es la sensación de que, quizá, pienses que no te valoro como de verdad mereces.

Así que no: nunca pienses eso porque no es lo que hay en mi cabeza, mucho menos en mi corazón. Eres un pilar a prueba de cualquier temblor, de cualquier viento huracanado que la vida nos lance. Ese alguien en quien puedo confiar sin dudar siquiera de tu palabra, del peso mío que llevas en tu espalda y que nunca parece afectarte en lo más mínimo.

Gracias por estar ahí cuando nadie más estaba, cuando necesité un abrazo más que una sonrisa y tú fuiste la única persona capaz de leer en mi mirada esa necesidad. Gracias por ser capaz de aguantar todas y cada una de mis manías, por secar mis lágrimas en las noches más frías y entenderme como lo haces.

Sin ti no sería yo. Me habría perdido hace mucho tiempo y la persona que soy ahora te da las gracias por todo y por tanto que hemos pasado.

Así que sí, simplemente, gracias.

Amor

Si resta, no es amor

Tiene algo, un no sé qué, que me vuelve loco. Es capaz de poner mi mundo patas arriba con solo una mirada y yo, que no soy más que el temblor de una voz nerviosa que no encuentra las palabras adecuadas, me pierdo en mitad de todo lo que me hace sentir.

La declaro culpable de todas mis sonrisas, prisionero de sus ojos cuando estos brillan de puro placer. Será que la felicidad lleva su nombre, pues de todo lo que siento solo sé que nada suena en mi pecho con la fuerza que ella lo hace. Amarla es tan sencillo que a veces incluso dudo. No de ella o de nosotros, sino de la realidad de este sueño en que vivo desde que la conocí.

Es mucho más que la sonrisa pasajera de la felicidad que un día llega y mañana se va, capaz de dejar eco en mis labios con cada beso para que la recuerde cuando no está, tiene el poder de hacerme sentir diferente a los demás.

El amor que yo siento nace de la suma de cada uno de sus hechos.

El amor debe sumar, siempre. Si resta, no es amor.

Y no hay resta en sus actos porque amar se traduce en seguir sumando incluso cuando todo se vuelva gris. Y eso es ella, la suma que siempre me hace crecer.

Solo espero seguir estando a la altura de lo que un amor como el suyo supone. Darlo todo y saber que al otro lado de mis esfuerzos está alguien capaz de leer entre líneas, y que por mucho que tropiece, seguiré siendo parte de la suma.

Amar(se) es de valientes de Alejandro Ordóñez
se terminó de imprimir en noviembre de 2022
en los talleres de
Impresora Tauro, S.A. de C.V.
Av. Año de Juárez 343, col. Granjas San Antonio,
Ciudad de México